昌明文叢

心理學博士的自述
―― 行走兩岸,走向合一

張家甄 著

生命像一顆頑石,幾經淘洗,也輾過沙礫,
　從海的這邊滾到海的另一邊。

　　後來,你發現自己是泡沫,
　　與那幽幽的水,再無分別。

原生家庭

父母親結婚照

父親及其同鄉兄弟合影
右三為家父

父親忙於加班的公務員生活

圖版 ❖ 3

作者兒時姊弟合影

與江蘇張家港兄族家庭合影

情愛婚姻

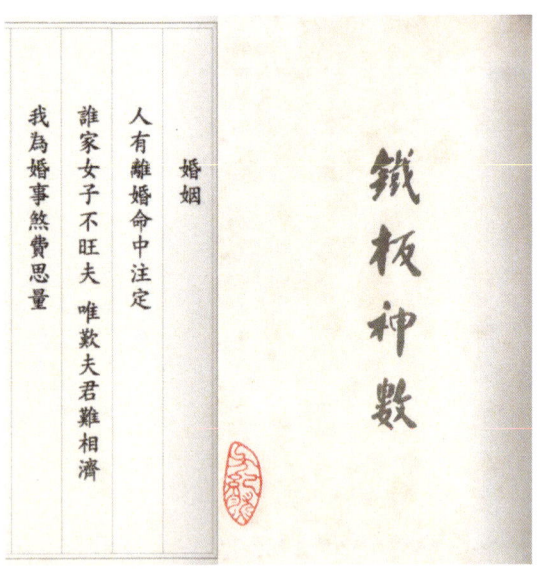

作者婚姻來自命運的斷語

接收生日花卉,卻當下有著欺瞞的戲碼

圖版 ❖ 5

在美居於大學城內,喜獲麟兒

與上海生活的孫女日常休閒

與兒、兒媳、孫女、親家全家
在杭州除夕餐後的團聚

工作職場

建設企業任職留影

金融機構任職留影

圖版 ❖ 9

取得碩士畢業與兒合影

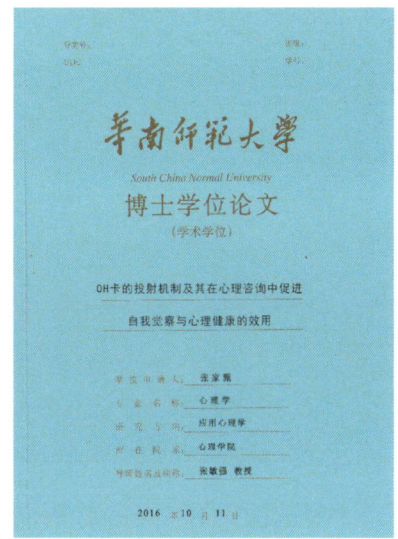

作者博士學位論文

完成博士學歷論文答辯與教授們合影

完成博士學位論文答辯與博士導師合影

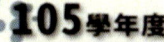

於臺北某地大學之課程海報

授宗教哲學課程，邀請藏傳佛教喇嘛現身說法

授宗教哲學課程，帶學生實地參訪臺北龍山寺

圖版 ❖ 13

於廣州計算機技校，帶領學生進行心靈彩繪課程

二〇〇八年參加青島大學學術年會學術發表

於武漢華中師範大學學術發表

於廣州華南師範大學講授心理教師培訓課程

行者足跡

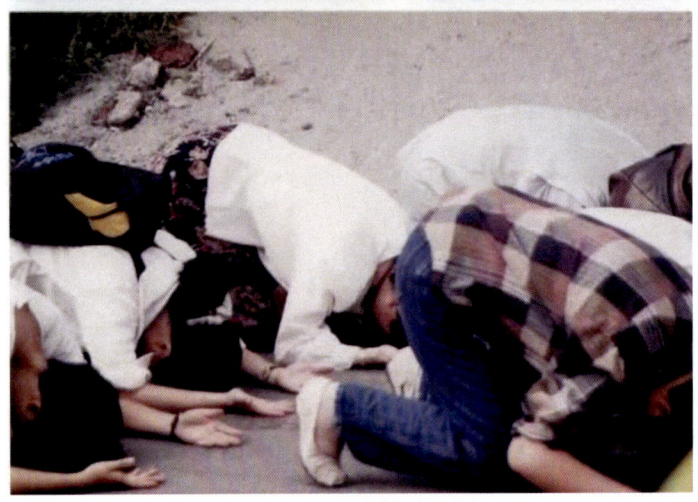

臺北承天禪寺朝山

圖版 ❖ 17

廣東肇慶區寺院拜見老和尚

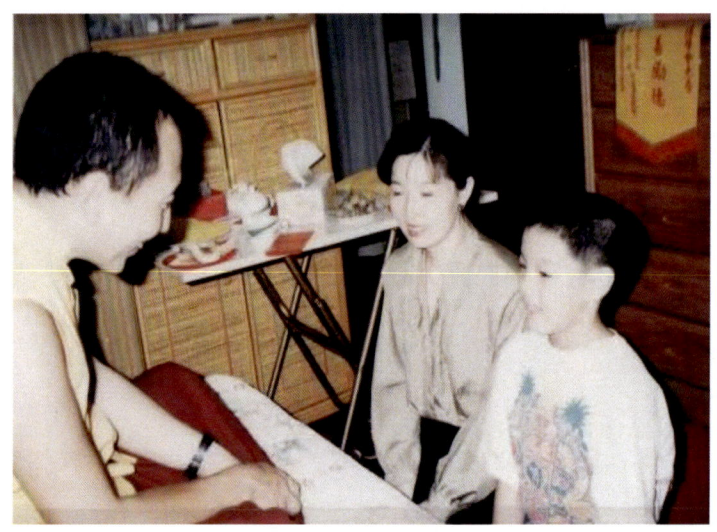

藏傳白教仁波切開示

藏傳白教瑜伽士加持

圖版 ❖ 19

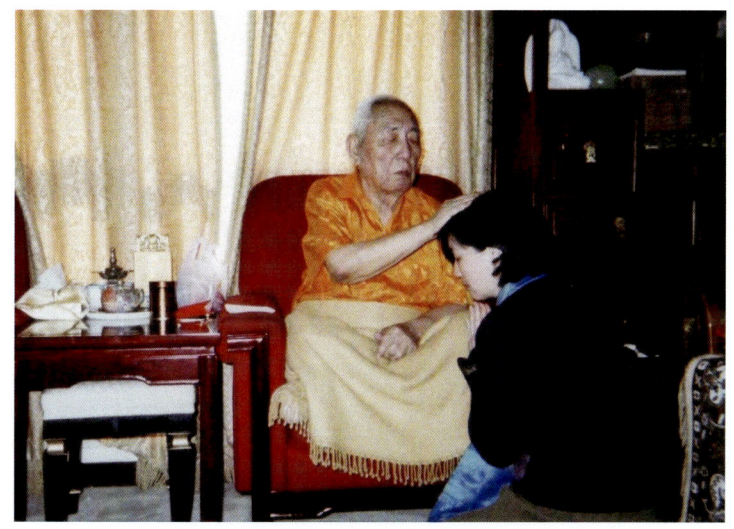

藏傳黃教老活佛加持

向藏傳黃教仁波切獻曼達盤儀軌

藏傳黃教堪布在修法後加持作者

藏傳黃教堪布贈護身符予將往美求學的作者兒

與兒前往尼泊爾參加藏傳紅教仁波切禪修課程

作者皈依藏傳紅教宗薩仁波切

| Sarvashuddhi | One who purifies all |

宗薩仁波切手持白條賜予的皈依法名

圖版 ❖ 23

尼泊爾「蓮花生大士手印」

臺北故宮展覽的轉經輪

祈願

二〇二四年杭州花神廟祈願

推薦序
行步於天地人間的引路人

　　如果你正在尋找一本書，不僅能讓你看見自己，還能照亮你前行的路——那麼，張家甄博士的《行走兩岸，走向合一》，或許正是你一直在等待的那一本。

　　讀完這本書，您會感覺彷彿與一位智慧溫暖的長輩進行了一場深度對話。她不是高高在上的導師，而是一位真實走過創傷、迷茫、掙扎，最終以修行與心理學為舟，渡過生命長河的同行者。

　　這本書最令人感動的，是它的「真誠」與「深度」。

　　她從自己的原生家庭談起——父親來自大陸、母親來自臺灣。她在母親的情緒勒索與父親的疏離中長大，這種情感匱乏成為她日後不斷陷入「拯救者」情感模式的根源。她毫不避諱地寫出自己多次在感情中受傷、付出卻被背叛的經歷，甚至細緻地分析這些模式背後的心理機制與業力牽引。

　　但她沒有停留在「受害者的敘事」中。她透過心理學的學習、佛法的修行、學術的深造，一步步將這些創傷轉化為智慧的資糧。「我們雖然改變不了風向，但卻可以調整風帆。」這句話正是對每一個曾經感覺被困住的我們所說的。

　　她寫職場中的掙扎——如何在父權結構中既服從權威又保持自我，如何在外界期待與內在呼喚之間找到平衡。她最

終選擇離開高薪的金融業，走向心理諮詢與教育，這不僅是一次職業轉變，更是一次生命的覺醒與選擇。

她寫修行——不是玄之又玄的神秘體驗，而是實實在在的生活實踐。她引用「看山是山，看水是水」的三重境界，描述自己如何從迷茫到覺醒，再到平靜回歸。她談「願力」、「量子糾纏」、「觀察者效應」，將現代科學與古老智慧巧妙結合，讓人讀來既親切又深受啟發。

我最欣賞的是，她始終保持著一種「跨界的智慧」——她既是臺灣人，也是大陸人；既是心理學者，也是修行者；既是理論的實踐者，也是實踐的反思者。用中國最古老的智慧經典《易經》來說，這是「兩端而一致」的，是當下的真存實感，也是通及於大道本源的。她不被任何單一身分所限，而是走向一種更廣闊的「合一」意識。

這本書，不僅是她個人的生命故事，更是一份給所有在生命中尋找意義、在關係中渴望自由、在社會中期待超越的人的禮物。尤其是對於兩岸的讀者來說，她展現了一種超越政治對立、回歸人性與靈性的可能。

超個人心理學（Transpersonal Psychology）關注的是人類意識的超越性層面，包括靈性體驗、自我超越、宇宙意識、合一體驗等。張家甄博士這本書，從內容到架構，處處體現出強烈的超個人心理學色彩。作者不僅深入剖析了「小我」（ego）如何受制於原生家庭、社會角色與情感創傷，更進一步描述了如何透過修行與覺知，接觸並活出「大我」（self）的經驗。這與超個人心理學強調「超越個人身分認

同」的核心方向高度一致。

　　書中引用「看山是山，看水是水」的三重修行境界，實則是對意識發展階段的隱喻——從認同表象，到質疑解構，最終回到表象但卻不執著於相。這種對意識層次的細膩描述，正是超個人心理學所關注的「意識演化」過程。作者不僅運用心理學理論，也引入量子物理（如量子糾纏、觀察者效應）來解釋心念與外在實相的關係，這種整合科學與靈性的視角，非常符合超個人心理學的跨界特色。

　　再者，超個人心理學強調「靈性急劇」（spiritual emergency）——即透過心理或靈性危機實現意識跳躍。作者的生命故事正是這樣一段從創傷、迷茫到覺醒、服務的轉化歷程，極具代表性。作者在書末強調「願力」與「利他」作為修行的最終體現，這與超個人心理學中「服務他人」作為意識擴展的自然結果相呼應，展現出從自我療癒到世界參與的完整路徑。

　　這本書不僅是個人生命的記錄，更是一份具備理論深度與實踐智慧的「超個人心理學」活教材。它示範了如何將心理治療、靈修傳統與現代科學語彙融合，為讀者提供一條可實踐的內在整合之路。

　　「願力即是萬法隨心所現。」這句話背後，是對生命徹底的信任與溫柔的勇氣。我相信，這本書本身就是她願力的顯化——願每一個讀到的人，都能走向內在的合一，走向生命的豐盛。如果你正在情感中迷茫、在職場中掙扎、在自我認同中困惑，或者你只是對生命有更深的好奇，相信這本書

會給你溫暖的陪伴與清明的指引。

家甄的剖白,是過去生活的回憶、更是全幅生命的體驗,如此一來,「生活」便是活生生的,而不只是瑣碎的紅塵舊事。生活、生活,天地之大德曰「生」,原泉滾滾,沛然莫之能禦,此之為「活」。是啊!這樣的「心理學」不只是「人心之理」而已,而是上昇到「大道本源」的。

看到家甄的性情之作要出版了,真為她歡喜,為她高興。心頭湧起了李商隱的詩句「深居俯夾城,春去夏猶清。天意憐幽草,人間重晚晴」。是為推薦序!

林安梧

二〇二五年八月二十六日寫於臺北元亨居宅

目次

圖版 ··· 1
推薦序　行步於天地人間的引路人 ············ 林安梧　1

前言 ··· 1

其一，小我，與進階成長 ························· 3
其二，大我，與成就願力 ························· 4
其三，為了我的父親和母親 ······················ 4

第一章　二元的原生家庭 ························· 1

母親餵養我，卻從不擦乾我的眼淚 ············ 2
仰慕父親，卻無奈主動疏離 ······················ 6
原生家庭給我帶來什麼？ ························ 11

第二章　扮演「拯救者」的情愛關係 ········ 15

情愛的途徑，走向「覺有情」歷程 ············ 16
我們從來沒有自由的選擇 ························ 25
愛的吸引：潛意識的力量 ························ 26
原生家庭的心理坑洞 ······························ 28
兩性關係是內心世界的投射 ···················· 31

深層因緣果的業力牽引……………………………… 32
　　互為因果：生命中的奇妙交織……………………… 36

第三章　努力的職場女性……………………………… 39

　　職場初體驗：秘書生涯的啟蒙與成長……………… 40
　　風雲變幻：政商案件中的堅守與信任……………… 42
　　職場轉折：從轉行金融到自我覺醒………………… 44
　　學術深造：跨界學習與心靈成長…………………… 47
　　有藝術的天賦和偏好，卻投身於商業職場………… 51
　　服從威權，給我機會的同時也施以壓制…………… 53
　　「外部期望」與「自我認同」……………………… 55

第四章　行者尋訪的足跡……………………………… 57

　　早年的涉獵……………………………………………… 57
　　中晚年的深度修習…………………………………… 61

第五章　從挫折到超越──生命的整合……………… 67

　　萬事萬物的四個層次………………………………… 67
　　生命的反省與思考…………………………………… 68
　　內在自我探索………………………………………… 71
　　　（一）疏離的父母緣……………………………… 71
　　　（二）兩性的感情緣……………………………… 72
　　　（三）工作的上司緣……………………………… 72
　　　（四）溢滿的親子緣……………………………… 73

深度自我探索——以個人的角度心理分析 ………… 74
　（一）借助佛洛德精神分析法，詮釋我的人格
　　　　結構 ……………………………………… 74
　（二）借著榮格分析心理學，詮釋我的人格結構· 77

第六章　行者路上之分享 …………………… 83

二元對立是走向合一的起點………………………… 83
越過二元，才能走向豐富…………………………… 85
走過對立，才能走向圓融…………………………… 87
奠基宏大，才能走向高遠…………………………… 89
我所走過的修行三重境界…………………………… 91
　修行的第一重境界：「看山是山，看水是水」… 91
　修行的第二重境界：「看山不是山，看水不是水」93
　修行的第三重境界：「看山仍是山、看水仍是水」96
　三重境界，只在你參與生命的角度……………… 100
量子糾纏即是命運之手……………………………… 101
　關於量子糾纏的幾個基本概念…………………… 101
　量子疊加態的啟示 ………………………………… 102
　觀察者效應的啟示 ………………………………… 103
　小我與大我的糾纏 ………………………………… 104
　因果共時 …………………………………………… 105
　內外共振 …………………………………………… 106
願力即是「萬法隨心所現」………………………… 110

附　「六度」是現代人切實可行的修行法⋯⋯⋯⋯ 115
致謝與感恩 ⋯⋯⋯⋯⋯⋯⋯⋯⋯⋯⋯⋯⋯⋯⋯⋯⋯ 127

前言

回眸這一生，懷揣著赤子心，一路走來，已走過了一個甲子有餘。

女孩、女學生、女同學、女同事、女秘書、女老師、女博士、女教授、女心理師、女弟子……女兒、妹妹、姐姐、女友、妻子、兒媳、母親、婆婆、奶奶……我扮演了一個一個人間角色，行徑著一個一個人間劇本。

因為時代的原因，我擁有一個比較特別的原生家庭。我的父親是大陸國民政府時期的鄉長，而我的母親是土生土長的臺灣新竹人。父母截然不同的成長環境與文化背景，決定了他們兩個是完全不同頻道的人生狀態，思想生活上可以說是完全的南轅北轍，完全的二元性。

跟所有人一樣，我的生命，與我父母的生命擁有很深的連結和很深的糾纏。他們各自優良的品質和作風，影響了我的一生。強勢的母親和疏離的父親，他們的二元性，也同樣投射在我的身上，使我對生命總有脆弱與無奈之感，也為我召喚來一些挫折的外在境遇，包括兩性與婚姻關係，也包括學業、工作、事業與成長。

從某一個層面來說，原生家庭對人的影響確實很大。很多人一輩子都停留在小時候被原生家庭塑造成的樣子；而有

些人卻可以穿透自己、認清真相,逐漸脫胎換骨。

年輕時候的我,對於生命並不清晰。這樣的不清晰,使得我有許多的困擾和迷茫、痛苦和彷徨,讓我的人生看起來有些挫敗。我在小我的劇本中蹣跚前行,一直以來總是期盼自己成為一位俠女,果決地斬斷亂如麻的纏繞,可以像風一樣穿越生命的迷障。

我很慶幸在人生起步的階段,就開始嘗試尋找走出苦惱與迷惘的出路。一邊經歷演繹著我的小我劇情,一邊不斷去涉獵心理學、哲學、心靈成長以及修行的知識,以期獲得走出生命迷障的路徑。

幸運的是,我接觸到一些修行路上的大智慧者,虔誠地聆聽、實踐他們的教誨。隨著經驗日多,體悟日深,越來越清晰地看見自己。我的人生,就是不斷地從挫折到轉化,再到超越的過程。我逐漸看清楚了自我的意識中到底潛藏的是什麼,才能體驗這樣的一個人生過程。

在我的生命內核中,本就擁有修行的主體意念。在佛家而言,就是「佛性」的種子,這也就是我生命歷程展開的主基調。

幼時的原生家庭,以及在學業、事業、兩性關係等這些人生的過程,不過就是生命讓我瞥見我的小我劇本。我的大我部分,自從我生命的降生,便一直潛藏在我的內在(按佛家說法,大我也根植在每個人的內在)。直到覺知到自己大我的這一部分,才開始探索我的整體生命,並向內尋找答案,我的大我部分才逐漸地朝向真理綻放開來。

每個人的外在境遇,都是內心世界的投射,或者說是內在的能量召喚來外在的境遇。當我們的生命能整合了小我,綻放出大我,達成合一的生命狀態,外在的境遇也就發生了轉變。我也在我的內心與我的父母、我的原生家庭以及過往人生旅途中的人和事,達成了生命中珍貴的和解。

　　八年前我來到大陸定居時,可以說是大體了悟生命的真諦,大體整合自己的小我與大我。我的內心已經很平靜,也能淡定從容,可以讓我坦然地,去面對、去接納那些對我來說很陌生的人群與很陌生的環境。

　　之所以決定寫下這本書,是在我完成了內在整合之後,是在我窺見了生命的因緣脈絡與成長課題之後,是為完成自我修行之路的一次新的啟航——

其一,小我,與進階成長

　　我這一生在生命成長中,有許多理論的學習、經歷的體驗、蛻變的感悟。如今我要將我所獲得的這些,嘗試講清楚,講給有興趣瞭解和研究生命的朋友。這些內容或許不能給你提供一個修行的不二法門,因為每個人都有自己的法門。我只能把我的個人經驗,分享出來,你可以對照你的經驗,然後看是否獲得一些啟發的靈感。

　　我自臺灣來到大陸居住,這八年來大都是獨來獨往,生活過得踏實而安詳,自在隨心。我的內心有個聲音告訴我,我需要完成這本書,這是我生命另一階段轉折進階的成長。

其二，大我，與成就願力

當下的時代，是一個各方面都在發生劇變的時代。有科學方面的報導，整個地球磁場大體將發生能量的轉化，將從二元對立的三維世界，邁向祥和豐盛的五維世界進化。因為這樣的轉化，在這過渡期間世界會呈現些混亂，對立的能量強大，整個世界的戾氣加重。

同時，因為能量的轉化，我們會看到更多科技的創新和突破，火一樣的熱情和創造力將催生更多的精神文明，世界將逐步進入物質和精神平衡的狀態。

未來二十年，一說是女性的黃金盛世，有熱情、思想獨立的女人更多地走出家庭與情緒捆綁的羈絆，柔性的力量會崛起，中國天人合一的古老智慧，會成為世界的主流。

作為一名修行者，我亦希望能夠渡己而後渡人，直至普渡眾生。寫下這本書，亦是以個人的修行經驗，試圖讓更多人看到生命存在的另一種狀態，進而修持自身，安身立命，甚且讓這個世界的能量趨於穩定和中正。

其三，為了我的父親和母親

我的父親成長於大陸，我的母親成長於臺灣。

對我而言，大陸如同是我的父親，臺灣如同是我的母親。我在年輕時，正好經歷了臺灣最美好、最有生機的年景；晚年來到祖國，也正巧見證大陸走向世界強盛的歷程。

而今兩岸關係緊張，於我而言，就像是父母的關係緊張與衝突。這也喚起我寫下這本書的使命感。

　　源於我對大陸、對臺灣一般無二的熱愛，我希望通過這本書，讓兩岸的年輕讀者，可以藉由我的視界，看到真正的彼此，我堅定「一個中國」，我們同樣是同胞子民、是中華民族的子孫，不再在二元對立中彼此消耗，同時，也希望年輕人知道，生命的完整，在於用感受體驗生命，在於用理性昇華感知，感性與理性的合一，才能走向生命的豐盈之路。

　　每個人都有自己的修行法門，每個人也都有自己的高階靈識在召喚。這本書不是一本心理學理論體系書籍，也不是一本修行的法門，這只是我個人修行之路的分享。

　　如果說這本書對你有價值，那只是通過剖析我的人生經歷與感悟，對照你的人生，給你一些成長上的微薄經驗。這就是我分享的價值，以及我的一番善念心意。

　　我並不期待這本書，給到某位讀者醍醐灌頂的洗禮，而更像是一泓清泉，潺潺地流入，並滋養讀者的內在，淡淡、甘甜而清冽。

　　我期待這本書，像一盞燭火，指引心中有困惑、生命有迷障的女性，亦或是男性，走向瞭解內在、瞭解生命、尋找真相的旅途。

　　我期待這本書，像一面鏡子，以我的人生與修行，對你的人生之路，有一些映照和參考的意義。

第一章
二元的原生家庭

　　《悉達多》裡的核心思想:「所謂的我,就是全部生命體驗的總和」,我是我接觸過的人,碰到過的物,感受過的情愛,迷失過的痛苦⋯⋯等等所有的一切,才有此刻的我。

　　我深以為然。

　　於是,就從我出生的家庭講起。

　　我的父親是江蘇常熟人。在那個兵荒馬亂的歲月裡,他擔任過國民政府時期的鄉長,抗日戰爭中領著鄉親們與日本人奮戰。後來,國民黨退守臺灣,父親留下原配和兩個兒子,先行渡海去臺。和那個年代做出這樣選擇的大多數人一樣,他當時並沒有想過,這一走,便可能是永訣。

　　我的母親是臺灣新竹人,因為家裡女兒多,甫一落地,就過繼給了自己的姨媽。姨父很早就過世,所以母親並沒有享受過父愛。她生得標緻端莊,像一幅細描的工筆畫,卻被姨媽的兒子、也就是我的舅舅,強行嫁給了她的第一任先生。這一段婚姻,像不合身的旗袍,透著狼狽。

　　即便這樣,婚後不久,母親還是按照生活的腳本,陸續生下了我同母異父的姐姐和哥哥,他們分別比我年長十歲和八歲。之後,不知道是基於什麼原因,母親的第一任先生逃離了臺灣,泅渡往大陸,但是他不幸地被臺灣當局逮捕,並

執行了槍斃。

我母親當時的婆婆，是一個精明強悍的生意人，二話不說地就把我母親逐出家門，更是不讓我母親與她的兒女相見。回想起我小時候，常常見到母親一邊讀信，一邊淚落如雨，等我長大些才知道，那是已經高中畢業的哥哥，偷著寫來的思念。

因緣際會之下，母親和父親這兩個隔著千山萬水的人，走在了一起。都是二婚的他們，背後有著各自完全不同的過往境遇，性格裡隱藏著不同的荊棘，像兩本截然不同的書，被硬生生地裝訂在一起，而我，像是這錯位裝訂裡的一個篇章。

母親餵養我，卻從不擦乾我的眼淚

我的母親是一位簡樸、賢良淑德的女性，完全符合中國傳統文化裡對於女性的要求，她一生都在勤勤懇懇地經營這個家。

但在我的記憶中，她的表情，總是陰天。無論是洗衣服、做飯、整理家務，都是一副皺眉不開心的樣子，或是一直在撒氣、抱怨，就好像每天都生活在不情願中。但她偏偏又能把每件事都做得妥帖，例如針線活做得很好，家常菜更是拿手，深得父親和親友的誇讚。

我至今清晰記得，我們一放學回到家，常常能喝到可口的紅豆湯、綠豆湯、銀耳羹之類的甜品。她做的紅燒肉也相

當美味，油亮飄香，帶著講究的手藝。我兒子在小的時候，最愛吃的就是外婆做的紅燒肉。於是，我也不知不覺地承襲了她的習性。從年輕至今，家裡我總會收拾得一絲不苟，清清爽爽，也做得一手好菜。在兒子十六歲之前，我一直堅持親手幫他準備便當。母親的那些品質，影響我至深。

然而，母親這一生的好，都呈現在「物」上──漿洗挺括的襯衫、美味可口的飯菜、纖塵不染的家。但在與人互動的「情」上，她就沒有那麼得心應手了。她是情緒化的，像盛夏的天氣陰晴不定，身體裡住著一個長不大的小女孩。後來，我才漸漸明白，她叨叨絮絮的怨氣，對父親的捶捶打打，不過是她向父親討愛的方式。看似撒潑，實則撒嬌。

小時候的我，並不能理解母親早年的處境。她自幼被過繼給寡居的姨媽，也就是我的外婆，外婆嚴肅少言，家中氣氛冷寂，舅舅又是典型的大男子主義者，母親一直處於冷淡而缺愛的原生家庭狀態裡。這種成長經歷，在她內心深處鑿出一個渴望被愛的坑洞。

這也使得母親始終沒能學會以一種更溫暖的互動方式來表達情感需求，而只能用埋怨、指責這類負面的方式渴望獲得關注。那些看似無理取鬧的行為，實則是她潛意識裡對愛的呼喚。這就是心理學上經常提及的，原生家庭對於個人行為模式的影響。

從這個層面而言，我的母親是不幸的。以我父親的成長環境，就情感上而言，他並不是一個「知情識趣」的男人，按照現代的語言來說，就是「情感上的直男」。他只能看見

母親表層的情緒波動,卻始終讀不懂她內心真實的渴求。因此,他對我母親的回應方式,不僅滿足不了我母親內心深處的期待,也始終無法彌補母親情感上的「坑洞」,更不能引領我的母親,一起走向成熟的、一致性表達的情感。

這樣的婚姻,恰似兩個帶著傷痕的靈魂在黑暗中摸索。一個用了缺乏理性情緒化的方式渴望獲得愛,一個給不出恰當的情感回應。原生家庭及早年的婚配,就如此刻在他們生命中的印記,最終成為橫亙在兩人之間難以跨越的鴻溝。

然而,造成他們的關係更雪上加霜的是,我父親的原配妻子,輾轉聯繫上我的父親。這對於我母親而言,不啻為晴天霹靂,她既感覺情感受了威脅,又自憐於自己處境的委屈。

當初父親來臺時,二兒子尚在娘胎。因為父親前往臺灣的緣故,在大陸的那個年代,他們被歸於「黑五類」。我的父親覺得十分虧欠原配和孩子,就經常寄錢回去資助大陸的妻兒生活,數目在當時頗為可觀,既接濟生活,也幫助他們蓋房。但我的母親,身為傳統家庭主婦,卻沒能獲得類同的關愛保障,她的情緒就更加不滿了。

母親時常對父親撒氣的另一個原因,是父親假期大部分時間都去和他的弟兄朋友們聚會,不是打衛生麻將,就是參加同鄉會。母親覺得自己受到冷落,這種不滿的情緒,讓母親常遷怒於我和弟弟,我們被罰跪在父親小書房的門口,直到父親打完牌回來。

小學時的午休時光,是我和弟弟最戰戰兢兢的時刻。母親在樓上淺眠,我們倆趴在樓下大理石桌上寫作業。那桌面

光可鑒人，很容易發出清脆的碰撞聲。一不小心吵醒了母親，她會咚咚咚衝下樓來，帶著怒氣用細細的竹條抽打我們，小腿上隱隱細細的血痕，浸著母親沉沉甸甸的不如意。

　　作為父親膝下的第一個女兒，我自然得到他更多寵愛。這份偏愛像一束強光，照得母親眼中的我格外刺眼。她的不滿與怨氣，便都向著我而來。

　　妹妹則不同。她出生得晚，沒趕上父親會寵愛女兒的時候，母親待她倒像尋常人家的母女，她們一直都是平淡而和諧地相處著。

　　在我很小的時候，父親會經常帶著我們全家，攜上大包小包的禮物，去外婆舅舅家玩。可令我難過的是，母親總是在年長我很多歲數的表哥表姐面前，數落我的不好，奚落我的不是。那些酸冷的話語常讓我很難過，致使我在親戚面前抬不起頭來，很大程度地傷害了我的自尊，也刺痛了我幼小的心靈，我不禁感到惶恐也很困惑：為什麼我的母親總要這樣指摘我？又為什麼她總是這樣嫌棄我？

　　我常常疑惑母親對我的態度，心中也渴望母親的接納和關愛。我甚至懷疑，從小母親有沒有樂意地抱過我？在我的記憶裡，我並沒有同母親有過肌膚接觸的溫暖。當她八十幾歲，服了藥躺在病床上熟睡時，我輕輕悄悄牽起了她的手。記憶中，這是我第一次觸摸母親的手，是如此的陌生，彷彿在觸碰一個從未接觸過的遠方親人。此時還深刻地記得，當我牽起母親手的剎那間，心裡隨即湧上深深的歎息和一股傷感的情緒……

此生，我與母親的最後告別：當母親壽終過世時，我持誦佛經一路送別母親，母親後事除了該有的佛教修法外，我在自家中二十四小時四十九天內，不間斷為母親撥放念誦的佛號，期盼靈識脫離肉身的母親，在中陰飄蕩的魂魄不安時，能來到我的家中聽著唸誦佛號的安定頻率，得慰藉安住。

仰慕父親，卻無奈主動疏離

父親過去曾是國民政府時期的大陸鄉長，他曾帶領兄弟們打過日本鬼子。聽我大陸堂妹說起，她父親每每驕傲地描述哥哥（也就是我的父親），當年參加抗日游擊隊時，腰間常掛著雙槍，在槍林彈雨中衝鋒陷陣，十分地英勇無畏。我曾聽父親向幾位叔叔們（父親的同事）說起，當年他遭受日本鬼子灌水訊問和躺在冰上受刑的經過⋯⋯我也曾親眼目睹父親臀部上的舊傷，凹陷的疤痕像一枚褪色的勳章，記錄著英勇抗日的那段烽火歲月。

我依稀記得，小時候，經常會有一些年輕的、十分帥氣、穿著軍裝的叔伯們，放假時來我家探望，一見面總是向我的父親行軍禮。後來得知他們也是隨著部隊從大陸到臺灣來的父親戰友，也是我父親親近的弟兄們。

他們和我父親一樣，都是從江浙來的，吳儂軟語聽起來很是親和、優雅，我雖然聽不太懂，卻心生嚮往。放假時，他們來我家和父親打牌，我總喜歡挨在父親身邊。有時我累得睡著後，感受到父親會將我抱到沙發上小睡，等牌局散

了，父親再將我抱到床上睡。現在想起，似乎還留有當時半睡半醒間，朦朧來自父親懷抱中的溫暖。

　　父親最慈愛溫柔的模樣，是每個下班的黃昏，他騎著自行車回到家門口，車龍頭上總掛滿了為我們買來的麵包、蛋糕、水果等等豐盛的零食。也是記憶裡他陪著我們打球、玩遊戲、做秤桿、做聽筒器……扮家家酒的快樂場景。他生性溫和、寬容，與左鄰右舍、親朋好友甚至陌生人都親切和善。

　　我們家住在公務員宿舍，那是一個建在廢棄工廠內的宿舍。有一回，有一兩百位全副武裝的年輕軍人，傍晚行軍到這裡，他們向我父親交涉，想在我們宿舍廠房區內住一個晚上，我父親很爽快地同意，並妥善地安頓了他們。那晚，父親忙前忙後地安排，臉上始終帶著那種令人安心的笑容。

　　這些零星的溫暖，像他自行車上掛著的那些食物一樣，滋養了我整個童年。

　　我對父親有種濃重的崇拜和仰慕之情。他和所有人都相處得好，大家也都覺得他人很好，這與人為善的處世之道，像春風化雨般浸潤著我的成長，潛移默化，也沉澱為我的性情底色。

　　父親曾經在上海生活過很長一段時間，所以他喜好文藝，有文人雅士之風。這些品質，也感染了我，一直留存在我的生命中。在我的記憶裡，童年時的母親總是不停地做著家事，洗洗刷刷、或在廚房裡忙東忙西，情緒不好的時候罵罵咧咧；而我和父親閒暇時總坐在電視機前，觀賞著京劇演出、聽黃梅曲調、聽流行歌曲、看新聞報導節目等。

週末時，父親經常會帶著我去臺北中山堂的藝演廳、國軍文藝活動中心，現場觀賞京劇表演。我骨子裡熱愛藝術，熱愛中華傳統文化，心中一直嚮往成為一位俠女。現在想來，那些有著優美身姿、唱功悠揚且弘揚忠孝節義傳統美德的京劇，已在我小小的心靈默默地催化生根，也成為了我日後行事作為裡的潛意識。

　　父親非常關心國家大事，每天堅持看新聞播報，等我長大後，父女間的交流，絕大部分是國際的、國家的、社會的大事，而少有生活上的瑣事或家中的柴米油鹽。這種家國情懷的薰陶，也影響到我對於社會、對家國事務的關注。

　　小時候的我，乖巧聽話，在國中二年級（初二）之前，我的成績一直都很好，每每獲得學校頒發的獎狀和獎學金，這使得父親更加疼愛我。我們家當時住在桃園，父親在假日時會經常帶我去臺北參加同鄉會，看京劇演出，聽歌，去上海澡堂，品嘗上海菜，也常帶我去百貨公司給我買漂亮的衣服。而這大部分時候，都不會帶上我的母親。

　　直到有個傍晚，我和父親從臺北回了到家，母親一看到父親又給我買新衣服，便憤怒地拿出剪刀，將新衣服剪破。對於這突如其來的風暴，我驚訝且害怕地瑟縮在牆角，並不明白這是為什麼。直到多年以後我才懂得，我的母親從小就缺乏父愛，當看到我備受父親的疼愛時，她心中翻攪的情緒可想而知。母親試圖通過激動地撒氣，以表達出對父親疼愛我、卻從未關注她的不滿。本質上，那是一個不曾享有父愛的「女兒」，在面對另一個「女兒」獲得父愛時的複雜情緒。

也是因為母親的這種不滿，讓我嗅到那來自母親令人窒息的壓力，於是我從那時候開始，便在內心逐漸刻意選擇遠離父親，早早學會用疏離來換取家中的安寧。

　　對於我父親來說，相較於在家鄉的風光，他前往臺灣後，有鬱鬱不得志之感。在舊時代只取得高中文憑的他，只能成為一名普通的政府公務人員。他總念叨著沒能上大學的遺憾，而失去了在臺灣更好的前途，因此，父親便把這未竟的抱負都寄託在我與弟弟身上。此情此景就如同現今的許多家長，同樣是在子女身上，寄託了自己未竟的期待。

　　我的弟弟考高中時，和第一志願的臺北高中失之交臂，只能進入稍次一級的新竹中學。記得有一次，父親特意去學校探望，卻撞見原本應該上晚自習的弟弟，竟然在操場上打籃球。父親很生氣，訓斥弟弟不求上進、不好好念書，還將他打了一頓。

　　在國中二年級（初二）以前，我在學校的成績一直名列前茅，每學期都能獲得學校頒發的獎狀和獎學金。十四歲以後，進入青春期的我，一頭栽進了當時很流行的瓊瑤小說和電影裡，並深受影響。當時，容貌恬靜的我，經常被一些男同學起哄和追求，攪亂了我平靜的青春。再加上來自母親的壓力，以及和父親矛盾感情的敏感家庭關係，國中三年級（初三）開始，我在學校的成績逐漸下滑。

　　之後，我沒能如父親所期待那樣考上好的高中、好的大學，讓父親很失望。我在自責之餘，又無法承受母親不滿父親對我重視的那股壓力，於是我主動有意地選擇了和父親的

關係疏離。時日一久，我與父親的親近便一天天的漸行漸遠。

　　隨著年紀漸長，我會想起當年自己在家中的處境，望著父親那雙溫和的眼睛，儘管他早已看明白母親對我的態度，但似乎也沒能找到更好的處理方式。幾次在獨處時刻，父親總會輕輕拍著我的手背，低聲開解我，其中有兩句話，讓我至今記憶猶新：

　　「媽媽從小就沒有爸爸，我們多讓讓她……」

　　「現在你要離開家到臺北上大學，這樣也好，就不會在家要面對你媽……」

　　此生，我與父親最後的心痛告別：父親剛過世那週，我獨自一人在某個清晨未醒時分，我清晰夢見父親，那是我兒時童年青少年與父親生活最長久的家中，夢裡知道父親過世了，聽見父親喚著我的小名，我趕忙從二樓房內飛奔下樓，大聲喊著爸爸爸……，只見父親慈祥微笑著，站在下著毛毛雨的屋外，喊著我的小名說：「妳不要出來不要出來，外頭是濕的，我是來和你說再見的」，此時只見父親笑著舉起擺動的手和我又說了幾聲「再見再見……」，之後父親便逐漸遠退消失……。

　　我立刻驚醒過來，痛哭失聲……，當下我清楚地明白，這並不是我的夢，這是父親來向我做最後告別的托夢。

原生家庭給我帶來什麼？

我就出生在這樣的一個家庭,如同每個孩子都無法選擇自己的來處一般。

母親能幹卻是情緒反覆,她能將家務料理得井井有條,卻也會突然烏雲密布。母親有著小女孩般的任性,以及將怨氣發洩在我與弟弟身上的習慣,在我們心裡刻下了傷痕。也由於從小缺乏溫暖的母愛滋養,使我始終活在焦慮和缺乏安全感中,難以對人建立信任。而母親對我習慣性地當眾貶損,讓我內在的自尊感不斷受挫,更造成了我的退縮孤獨、情緒低落和鬱鬱寡歡。這些都深深影響了我,一直留存在我過去的性格中。

對於幼小的孩子,看到母親生氣,通常會將這怒火歸咎於自己,覺得是自己不夠好才導致母親生氣,進而把這份失落和退縮,藏進了自己的潛意識裡。

成年後的我,習慣獨自一人,在人群中也常顯得疏離淡然,但偶爾,也會流露出父親傳承給我的溫煦模樣——兩種截然不同的特質,就這樣矛盾地共存著,成為我生命的底色。

我的母親把童年未被滿足的、對於父愛的渴望,無意識地加諸在我的父親身上,希望他像父親對待幼兒一樣,能夠細心體察和照顧她的情緒和感受。而現實中,男女之間是無法像穩定、無條件的父母心那樣,蘊藏著偉大的愛。我的父親也是一樣,在不理解之下,他是無法對母親不明就裡地給予和包容,反而感受到壓力。母親越是想渴望、獲得,父親

越是無所適從，或是迴避。

這種壓力和迴避，體現在行為上，就如父親去臺北的時候，總是帶上我，而不帶母親。而這又引發了母親對我新一輪的不滿、埋怨和種種遷怒，這些場景替代了母愛應有的溫暖。

當我走上成長之路後，選擇了在心理上與母親和解，這源自於更深層次的理解，了悟了這是各人生命中因緣果、業力的使然。我不願去苛責我的母親，因她的生命是處於不自知的狀態，這是她潛意識中的生命因果，也是我潛意識中的生命因果。母親越是強烈渴望獲得缺失的父愛、越是想獲得丈夫的呵護，但丈夫越是對她疏離。而隨著她情緒的間歇性爆發，我作為孩子，感受到家的不安全，並把這份不安全感，深藏在自己的潛意識中。日後必然也是帶著這份不安全感，去面對我未來的人際、情愛和婚姻關係。

同時，也因著母親這份對於父親的氣憤和埋怨，直接導致了我在心理上照顧母親的感受，亦或是害怕她失控的情緒，而主動選擇和父親疏離。儘管我對父親充滿濃濃的孺慕之情，內心渴望靠近父親，卻也只能遠遠地看著他。這使得我在後來的人生中，對於權威的男性，總有一種既保持距離，又有一種似親切的衝突感。

我們每一個人，都無法選擇自己的父母。年幼的我們，粗看似無力擺脫這顯現在外的原生家庭影響，也更不理解實則生命是根源來自隱於內，基因內核、業因的牽動。但無論是遠因或近因、內因或外因，我們依然可以通過自我的成

長，讓我們不被自己的潛意識操控一生。我們雖然改變不了風向，但卻可以調整風帆。

成年之後，我選擇不斷地成長和探究生命，不僅理解了我的小我，也理解了我的原生家庭投射在我身上的陰影，我力行了將那些內在負面潛意識，慢慢地解構消融。我雖無法改變我的父母，但我可以選擇在心理上與他們和解。我可以斬斷延續那些看似因為與母親相處，在防衛機制下無意識習得而來的情緒模式；我可以突破小我的藩籬，讓真正的我（大我）成長壯大，並聽從真我的指引，活出生命的光輝。這些是我其後修行、進入大我的提升而來的生命狀態。

第二章
扮演「拯救者」的情愛關係

　　透過心理學視角解析親密關係的本質，我們便能逐漸卸下情感創傷的枷鎖。

　　我從心理學的理論中揭示了：我這一生所經歷多段深刻的情感聯結，既是我真誠情愛付出的見證，也是內在客體關係模式的強迫性重複——那些與母親未完成的情感課題，以及那些女兒內心深處與父親的一種潛在的戀父情結心理。在我過往的情愛關係裡，充分顯現了，這世間眾人與父母的情感糾結，大多總在每個親密關係中不斷地重複上演著。

　　正如依戀理論所指出的，早期母嬰關係中形成的「不安全型依戀」，成為我後來每段情愛的心理底色。那些看似不同的兩性關係，實則都在重複著相同的劇本：渴望親密卻又恐懼受傷，自我付出的真心卻又預設對方的背叛——這種矛盾的心理動力，正是我內在「迫害性客體」與「理想客體」不斷衝突的外顯。

情愛的途徑,走向「覺有情」歷程

初進高中的我,情竇初開,承受母親的冷漠、又與父親日漸疏離,總是幻想著如同瓊瑤式的劇情——有位白馬王子能前來拯救孤寂落寞的我。

同班的A君——那個挺拔俊朗的優等生,成了我灰暗青春裡的一束光。上課時,我們隔著課桌椅交換的眼神,是那個年紀最純淨的悸動。

如今偶然想起,那段青澀的相遇依然會在心底泛起漣漪——兩顆未經世事的真心,在青春光暈裡的心動,至今在我心中還留存著一份溫柔的念想。

我所就讀的是一所私立高中,這裡的學生家庭經濟條件都比較寬裕,有不少是將官子女。A君的優秀引來眾多女同學的傾慕,也讓我成為女生們嫉妒的靶心,一些作風強悍的將官女兒,甚至會針對我、排擠我,而A君不動聲色的維護,是我惶惑青春裡難得的溫暖。

高三那年,班裡一位人緣好的女同學因男友車禍離世,轉而向A君尋求慰藉。當時她的哀傷、哀怨,表現於外,所有同學都知道她想親近A君,希望能獲得A君的安慰疼惜。在這樣的氛圍中,我下意識退卻——那種熟悉的哀怨和疏離感再次浮現,就像當年面對母親的情緒以及面對父親伸出的手,我總是先一步躲開。原生家庭刻在我骨子裡的逃避模式,又一次在情感中重演,讓我想疏離A君,如同疏離我的父親。

後來,A君如願考上最好的私立大學,而我卻因成績不

理想,只收到專科學校的錄取通知,父親執意要我重考。為了讓我專心於來年複考大學,之後 A 君寫給我的幾封信,都被父親攔截沒收,我們也就慢慢地失去了聯繫。

我在這段情感中,一如我與父母的關係,哀怨與疏離。

複讀一年後,我考入一所新聞傳媒類院校。班級裡女生寥寥可數,開學初期便有不少男生對我示好,我卻始終冷淡以對。雖然我沒能考取好的大學,但我的潛意識依然忠於父親的期許,內心並不想接納這所普通學校的追求者,想著應該找名校的男生交流往來。只是未料想,之後的我竟先後與班上兩位才華出眾的男同學,產生了深刻的情感連結。

B 君就坐在挨近我座位的正後方。上課時,他總愛把玩我披在後背的長髮,起初我以為只是男孩的調皮,後來,才懂得那是他想引起我關注的舉動。

新學期開始時,在公告欄上赫然張貼著 B 君的退學通知,令我非常驚訝。直到我們相戀,我才瞭解到背後的故事:他來自一個拮据的軍人家庭,父親因公傷殘而無法工作,家中兩個哥哥、一個姐姐、一個妹妹。他不得不利用課餘時間,到電視公司打工,當臨時演員來賺取學費和生活費。過多的打工缺勤,最終斷送了他的學業。

那時,我沒住在學校宿舍裡,父親為我安排了更舒適的住處。B 君退學後,竟像瓊瑤筆下的男主角般,日日在我住處門口守候,等待我下課回來,有時只是遠遠望我一眼就離去,有時在雨中撐著傘等我,等到人了又不說一句話轉身離

開,或是默默地遞給我一封信,洋洋灑灑地寫滿他當下的心情或是對未來的抱負。這樣的劇情每天上演著,最終打動了我,於是接納他開始正式交往。之後,便是陪伴他兩年服兵役的時光。

B君有很多浪漫的戲碼,當時少女的我,被這種癡迷所感動。服役期間,為了能見到我,他屢次當逃兵,坐車從新竹營地偷偷跑來臺北見我,然後心甘情願地回去接受好幾天的禁閉處分。記得有次凌晨三、四點,他就站在我睡房的窗前樓下,聲聲呼喚著我,直至將我從睡夢中叫醒;更有一次,他竟有意弄傷自己,只為了轉到臺北的軍人醫院,能有較長時間的探視,可以多見我幾面。

在這段情感裡,我扮演著拯救者的角色,一如想拯救在婚姻和工作中不盡如意的父親。

那兩年裡,我把高中國文、地理、歷史等課本的內容朗誦並錄音,寄到軍營,在部隊被分配任文書工作的他,就能戴著耳機,聽我的錄音學習備考。寒暑假時,我輾轉餐廳打工,甚至也跟著他的姐姐做服務生賺取酬勞,攢下的錢,都悉數塞進他的口袋。

兩年之後服完役,B君終於考上最好大學的夜間部,卻沒料到他竟開始與同窗女同學曖昧不清,上演起腳踏兩條船的戲碼。

大學暑期,我們曾進入同一家公司兼職。他擔任銷售員,每個星期都會向客戶收取貨品的分期付款,而我是公司負責收錢的總務人員,他需要把收取的錢款交給我,由我統

一上交公司。借著這樣的關係，他收了錢總是不交給我，而我不得不自掏腰包填補虧空。

在這樣的情況下，這段情感終於走到了盡頭。當我提出分手時，他曾強行把我帶到他家，困鎖於樓上房間期望挽回。那一刻起，任憑他的哀求，我再也不為其所動，堅決選擇了分開。

二十七歲那年，一通意外的電話改變了我的命運。大學時坐在我右手邊的男同學 C 君，輾轉聯繫上在桃園老家的母親，終於找到了我。

那時的 C 君已是小有名氣的才子，學生時代就憑藉實驗電影獲得新聞局獎項，同時兼任電視臺短劇的編劇。重逢後他告訴我，父母資助他拍攝一部由當時略為知名女星主演的電影，但卻慘遭票房滑鐵盧，讓家裡蒙受巨額損失。

我們的故事進展，在交往一年後結了婚，隨後我們赴美深造，在那裡迎來了我唯一的孩子，兩年後 C 君學成，我們歸返臺灣。這段婚姻看似圓滿的開端，卻暗藏著可想而知的裂痕。

有些藝術家的世界裡總是飄蕩著不羈的靈感與創作，婚姻的圍城往往容不下他們遊移的靈魂。身為導演的他，雖曾觸摸到金馬獎的榮光，卻也有著工作片場外的浪漫曖昧情愫，同時也將創作受挫的情緒延展到家庭生活中。

這段婚姻，像艘漏水的船，為了孩子，我們勉強修補著前行。直到孩子六歲那年，我所在的公司突逢重大社會事

件，公司不得不撤離臺灣。在事業風雨飄搖的關頭，我接受了一位金融業老闆遞來的橄欖枝，且同時獲得藏傳佛教一位修行老佛爺的打卦認可，於是我的事業有了重生的可能。

但C君卻對這份工作不以為然，他並不認同那些資本遊戲的銅臭味，覺得這位老闆社會觀感和名聲不佳，希望我放棄這份工作。在經歷一番糾纏和衝突之後，在我的堅持下，我們分居了。但等待他在離婚證書的簽字，已是在五年後。因為孩子的關係，這份糾纏一直存在，直到孩子的爺爺奶奶相繼離世，我也遠走到父親的故土，才真正走過這段人生的迷障。

三十九歲那年，在我大學打工期間對我有好感的男士D君，在報紙上見著我服務公司的事件報導，列有我的名字而重新聯繫上我。他是一位商人，當時正深陷婚姻破裂的陰霾──他的前妻與上司發展了戀情，最終與他離婚後遠赴美國。

於是我再次扮演起拯救者的角色，成了陪伴安慰他的女友。

D君因為經商，經常在一個固定的餐廳約客戶、朋友談生意。這個餐廳的老闆娘與他相識多年，風情萬種，八面玲瓏。他去的次數多了，兩人之間曖昧的互動，讓我十分沒有安全感。他也曾在我生日當天訂一大盆美麗的花送來我工作的場所，卻又當下以出差名義帶著舞廳舞女去往外地，甚至他們回到我們居住的住所，無意中被我撞見……

那一刻，我並沒有發覺自己又在重蹈覆轍──沒有看清

明白自己試圖在別人的破碎裡拼湊自己的價值時，折在那過於理想不切實際的俠義情懷上。

　　與 D 君分開後，在一場重要宴會上，我以主賓身分結識了 E 君，之後，他對我展開猛烈的追求攻勢。這位曾經風光的雜誌社老闆，雜誌社在虧損千萬資金倒閉後，如今負債的落魄模樣，讓我一貫的愛才「救贖心」又出現了。儘管友人提醒了他的風流成性，我依然無法遏制潛意識裡升起的「拯救」衝動，義無反顧地接納了這位失意的文化經營者。

　　因為雜誌社倒閉，他沒了工作和收入。我收留了他，每天給他一千塊錢生活費，他基本當天就花完。他整個人狀態不好，我每天熬煮一些羹湯滋補他，直到有一天我下班回家，看見碗沿那抹刺眼的口紅印⋯⋯

　　某個颱風夜，他穿著一條短褲，不說一聲就出了門，完全失聯，我想盡一切辦法去尋他，卻在我苦苦等待三日後，才知他是待在當年曾協辦選美時所認識的女郎香閨裡。

　　兩年的相處，我終於忍受不了，帶著孩子住到酒店，直到我叫來員警，他才不情願地從我家搬走。之後他依然來我工作的地方糾纏，在大街上攔截我，朝我下跪，希望挽回我們的情感關係。但那些似真若假的熱切懺悔，再也撼不動一顆想要自保的心。

　　那些年在情感裡重複的劇本，來到中年時，我依然沒能看清：我不斷重演著拯救父親的戲碼，卻始終無法認出，需要跳脫拯救模式的自己。

F君走進我的生命，源於一位商業客戶（恰是他的大姊夫）的介紹。初相識那日，他便在咖啡杯繚繞的熱氣裡剖白悔恨。他眼中揮之不去的陰霾，源自一年前那場致命車禍──那次，他妻子回了娘家，因為某些原因，他衝妻子發脾氣，並催促她趕緊回家，他騎機車載著妻子往回走的路上，為了閃躲迎面而來的一輛自行車，機車車身晃動較大，妻子掉下了車，恰被後面駛來的小轎車碾壓致死。對於妻子的意外離世，他覺得自己有不可推卸的責任，因此始終背負著巨大的內疚，無法釋懷。

　　兩個失去母親的孩子，一個終日自責的鰥夫，再度喚醒我心底那個救贖者的幽靈。我建議他前往墓園，親口對亡妻說出他的內疚，而我，陪著他同去了墓園。

　　某夜，在我的夢裡出現這樣一個場景：我背對著F君的身影，打算離開他時，他亡妻朦朧的身影突然出現，央求我替她照看丈夫與孩子。醒來時，枕畔還留著夢境的餘波，彷彿某種潛意識的昭示。

　　F君將喪妻之痛化作對兒子過度的保護：每日親自接送，週末也不允許孩子外出，擔心他們會出現意外，這樣的封閉和壓抑，讓孩子漸漸失去與人交流的能力。即便我帶著兒子前去，希望能帶動他們，兒子每次回來都告訴我，在交流中，他兩個兒子永遠只回應一兩個字，比如「好」、「沒有」、「可以」、「謝謝」這樣的簡單回應，無法建立友誼，於是，我兒子也就放棄了。

　　我曾帶他去見一位能勘驗前世今生因果的通靈大師，當

聽聞妻子之死並非他的業力時，他緊鎖的眉頭才稍稍舒展。如今想來，這段關係不過是我又一次扮演救贖者的戲碼——在幫助他解脫愧疚的同時，也滿足了自己潛意識裡「俠女救難」的憧憬。

儘管他家境優渥，姐姐們都在美國經商，但這一年來，他的世界始終只有自責與孩子。當我覺察自己的「拯救」歷程已然完成，便建議他為了孩子好，不妨帶孩子赴美去開展新生活。半年後，他返臺邀我同去美國生活，然而那艘載滿救贖航行的船，早已駛離了我的港灣。

G君是某個領域的佼佼者，與前妻維持著表面和諧的婚姻假象長達多年——他們早已貌合神離，卻因事業的彼此需要，而繼續扮演著家庭事業上的偕同夥伴。按他的描述，有七年的夜晚，他都是與客廳的沙發為伴。

剛認識他的時候，他每晚都飲酒過度，隔日又能清醒地扮演著成功人士的形象。這種分裂的生活狀態，與我追求的真實人生背道而馳。

然而年屆五十的我，回望這一生幾段情感關係的擺蕩難全，來到這一段情感關係，仍祈願自己能在咬牙前行後，使其圓滿。基於這一想法，我在這樣的關係中堅持了好些年。傷感的是，這段情感始終相處得並不和諧，並讓我承擔了巨大的心理壓力，直到帶狀皰疹的劇痛，才讓我痛定思痛，幡然醒悟。

從「小我」的面向而言，我自省性格上的缺失，我總習

慣於忍讓他人和受制於對方,最終關係難以持續。我們之間最大的分歧是,他選擇走的是儒家「入世」道路,追求的是外在功名,且輕情感上的交流。我選擇走的是佛家「出世」道路,追求的是心性圓滿,卻也期待情感上的互動。在生活中受制於對方,價值觀的鴻溝讓相處變成煎熬。於是,我想改變這樣的生活狀態,最終,我選擇了離去。分開的決定,在當時是彼此的共識,自然地順勢而為。

　　離開後的我,一個進修的因緣讓我來到大陸,回到我父親生長的故土進修。這不僅是地理上的遷徙,更是一場精神的歸航。在這裡,我得以卸下所有的角色與期待,真正為自己而活,在自由中探索生命的另一種可能。

我們從來沒有自由的選擇

我曾以為在自由戀愛的當下,每段情愛都是自己的選擇,哪怕是錯了,哪怕是沒有好的結果,我也該「真心無悔」。

等到走向修行路,對於生命有了越來越深入的體悟之後,我才開始懂得,其實我從來沒有自主的選擇。我們自以為自由的選擇,其實是來自原生家庭的選擇、來自於深層的自我,都是潛意識的操縱。

佛洛伊德則認為,在幼兒期,兒童會對異性父母產生特殊的情感依戀。這種依戀在男孩身上表現為戀母情結,在女孩身上則可能表現為一種潛在的戀父情結。這種情結是兒童心理發展的自然階段,它反映了兒童對愛的渴望和對安全感的追求。

當個體步入成年,開始建立自己的情感關係時,那些潛藏於心底的童年情結,往往會以某種形式投射到伴侶身上。倘若成長在幸運、幸福的原生家庭中,長大後的女性可能會在無意識中覓得一位具有父親般特質的伴侶,如穩重、成熟、給予安全感等;長大後的男性則可能會遇見一位像母親一樣溫柔、體貼、能夠照顧自己的伴侶。

因此,如果我們沒有看見自己的內在,了悟自己的生命,其實我們對於情感關係的選擇,基本上不是自由的選擇。在初步層次上可詮釋為,在我們早期成長的每一個階段,我們所經歷原生家庭的環境,我們的父親和母親以及他們的關

係,我們在原生家庭中被如何對待,都將會影響到我們成年之後的心理模式與行為模式,進而影響或者說是決定我們對於兩性關係的抉擇。我如是,我情感上的伴侶亦如是。

愛的吸引:潛意識的力量

愛的吸引,在潛意識層面,是一種深的情感共鳴和心靈連接。當我們喜歡或愛上一個人時,往往會感受到前所未有的溫暖和安慰,這種感覺往往超越了言語和行為的界限。這種愛的吸引,源於我們內心深處的渴望和追求,是對完整與連接的追求。

在潛意識中,我們可能會因為對方的某些特質或行為而產生強烈的情感共鳴。這些特質或行為可能與我們原生家庭中的某些經歷或缺失有關。在不同的年齡階段,與父母關係的缺失,可能會成為兩性彼此吸引的「密碼」。

比如,嬰兒從出生一直到一歲半,是生命成長的依附期,我們需要依附於父母,尋求安全感。這個時候如果遭到父母的遺棄(或心理上的遺棄),那麼會慢慢成為一個黏人的人;如果經常被父母拒絕,那麼會習慣性跟別人疏離,而成為疏離的人。黏人與疏離,這兩種人容易互相吸引,產生兩性情愛關係。

從一歲半到三歲,嬰兒開始探索這個世界,如果經常性感受到來自父母的束縛,那麼會產生跟人疏遠,成年之後成為一個孤立者。如果父母情緒不穩定,對你時好時壞,那麼

會慢慢成為一個矛盾的孩子,成年之後成為追蹤者。孤立者與追蹤者,這兩種人很容易互相吸引,發展出情愛關係。

　　三歲到四歲,是孩子建立自我認同感的時期。如果這個時期,老是被父母跟別的孩子比較,自我認同感不斷被打擊,讓你覺得很丟臉,自我認同被否定,那麼你會慢慢成為一個嚴肅的孩子,長大之後,成為嚴肅的控制者;或者,也許你的父母很忙,經常忽略你,那麼你會慢慢成為一個不被注意的孩子,長大之後,會成為迎合別人的討好者。控制者與討好者這兩種人,在兩性關係中,具有天然的互相吸引。

　　四歲到七歲,兒童開始挑戰自己的能力極限。如果在你的家庭中,有兄弟姐妹的競爭,此時你的父母對你的進取或競爭心沒有一致可靠的反應,時而批評、時而讚美,則你就會成為一個好勝的人;如果你的家庭中,存在父母不斷批評你、不支持你的能力,或者存在父母雙方的矛盾,亦或是雙方對你的爭搶,你會成為一個圓滑的人。好勝與圓滑,這兩種不同性格的人,在兩性關係上是會互相吸引的。

　　七歲到十三歲,孩子開始走向社會,期待獲得同齡人的友誼。當父母過度保護你或是管教太嚴,除了念書外不讓你接觸其他,而你不被同齡人認可,或者被排擠,則你會成為一個寂寞的孩子,長大之後,成為一個孤獨的人;而有些父母灌輸孩子不必重視自己的私人情感、個人感受,要做一個善於對外社交的孩子,長大之後,容易成為一個犧牲奉獻照顧者成人。孤獨者和奉獻者,他們之間擁有天然的兩性吸引力。

十三歲到十九歲,孩子進入青春期,開始被異性吸引。如果受到父母的壓抑,有個性的孩子,容易變成叛逆的孩子,長大之後就是叛逆的成人;個性內向、保守的孩子,就容易順從於父母,那麼將來他就是守規矩的孩子。叛逆者與順從者,成年之後,這兩種人容易產生兩性的糾葛。

我們以為的自由選擇伴侶,其實始終在被潛意識操縱,被我們在原生家庭的環境下所形成的「小我」操縱,於是,我們常常在不自覺地重複我們的情感模式。

原生家庭的心理坑洞

我的一生,經歷數段情感的磨練,過程中充滿了對兩性情感的失望與失落。待到我中年體悟之後,回頭反省,才明白我的兩性關係,始終在「渴望－拯救」的模式中,單曲循環圈。

兒童時期,時時感受到母親的情緒波動,而父親在母親的情緒中,為避免衝突而選擇委屈地避讓,這使得我在很小的時候,就有一種想要保護父親、拯救父親的衝動。這種衝動,也被壓抑在我的潛意識中。以致青春期以後遇到前來追求的異性,依我的能量磁場,為我召喚來的(或者說讓我從內心見到的)男性,都是當下的境遇相對落寞、弱勢的,需要被拯救的類型。比如,家庭清寒的兵哥 B 君、難以展現才華獲得知名度的導演 C 君、被遠走前妻拋下的老闆 D 君、雜誌社倒閉的經營者 E 君、沉淪於妻子離世悲傷的 F 君、婚姻

貌合神離的精英男士 G 君。他們皆是引發、觸動了我想去拯救失意弱者的內在潛意識，於是開啟我一輪又一輪犧牲與奉獻的拯救之旅。同情和拯救的潛意識充斥著我的情感生活，讓我失去了判斷力，也從根本上失去了選擇可以真正身心交融伴侶的可能性。心理學上所說的，女兒與父親的關係，兒子與母親的關係，將投射到未來與配偶的關係，事實即是如此。

我所經歷的兩性關係，起初似乎都是情投意合的結合。但當我透析其中的本質，便能發現，我和他們開始的情感相遇，就某個層面而言，是源於我自小因為原生家庭的影響形成的心理模式，因為來自母親的壓力和遷怒，以及對於父親的無奈之下的主動疏離，讓我對於情愛感到匱乏，對於被愛十分渴望。所以當情感緣分出現的時候，我在內心是渴望獲得這份愛，用以填補我內在愛的匱乏「坑洞」。

母親經常的情緒化，讓幼時的我總覺得是自己的問題，覺得自己不夠好而導致母親生氣，進而把這份不被認同的價值感，埋藏在自己的潛意識裡。當我成年之後，在和人的相處中，總習慣於通過過度的善意對人、不斷的付出，期望獲得別人相對的認同。於是在我情愛關係的拯救中，兩性關係在初期的進展總是非常順利。年輕時的我無法分辨，當時的這份連結，到底是動心的情愛，是俠義的憐惜，還是匱乏心理模式的契合。

除了父母對自己的孩子，這個世界上難有無條件的愛。當愛情走過甜蜜期，進入冷靜期，我同他們的關係有兩種狀

態，一面是我不藏私的奉獻，他們享有我的拯救，卻又無法持續滿足我內在缺愛的「坑洞」。在臺灣那時代的「男權」，習慣性以「夫權」替代「父權」來支配我。而我的本性中有著父親對我的期許，存在一種巾幗英雄的內在氣質，對於這種心理上的支配，讓我的內在自然產生一種不接受的力量，致使伴侶會覺得我是不夠順服的。

另一方面，也因為眼見父親來到臺灣後，在事業上的鬱鬱不得志，以及從小父親對於我的期許，在我的生命內核中種下了實現自我價值、走出自我天地的種子，更將這份標準投射到伴侶身上。在兩性關係中，我以對自己的期許，也同時期待對方能在事業上有所發展，並盡我所能地協助伴侶發展，希望成為他們事業的助推器，卻反而動輒得咎，無助於情感關係的發展；他們表現得並不配合，或者說不能理解。

小時候母親對父親的埋怨，以及母親對於我的不滿，我們三者之間，在心理層面形成了一種三角關係和模式。這種潛意識能量，使得我總是召喚來類似的三角兩性關係。於是，如我這樣的「拯救」，必然遭遇到「失意」或有第三者的曖昧，這又嚴重地衝擊我本質上缺乏的安全感。

這種被壓抑的苦悶、被束縛的自由，與始終缺失的安全感，在我心中交織成一張掙不脫的網。然而我天性裡藏著期待生命的成長──渴望活出自我價值，渴望衝破牢籠，渴望通過自己的能力開疆拓土。縱使對方早已將我的付出視為理所當然，十分習慣於我的「拯救」，縱使每次分離都要經歷糾纏，但我最終還是能帶著傷痛裡淬煉出的果決，毅然放下複雜難解的關係，期待心靈能正向的成長。

兩性關係是內心世界的投射

心理學認為：外在世界是內心世界的投射。情愛與婚姻關係的外在處境，皆源自於自己的內心世界。

情愛與婚姻，作為人生中最深刻、最複雜的情感紐帶之一，其外在的和諧或衝突，很大程度上源於我們內心深處的情感狀態、信念系統以及未處理的情緒。我們的內心世界，包括有意識的選擇、無意識的衝動、深藏的情感需求與恐懼，都會在我們的關係中找到其對應的表現形式，且兩性親密關係是人際相處中最能展現內在的真實彰顯。

無論是心理學，還是修行，都再三強調，人需要去探索、去瞭解自己的內在。因為一旦認清自己的內心世界，識別自己有意識與無意識的陰影部分，情愛與婚姻關係的外在困境，也會隨之清晰與理解。實際上，都是在宣導一種深刻的自我認知。

深入潛意識層面去探索，去發現那些影響我們行為模式、情感反應和關係選擇的深層次原因。比如我的拯救、我的不安全感、我的過於善意而後失望、我的決然放下離去⋯⋯隨著這種自我認知的深入，我開始意識到，原來許多外在看似無解的困境，其根源都在於我潛意識裡僵化的應對模式、未滿足的需求、未處理的傷痛。

在我中年後期覺醒之前，我始終在「渴望－拯救」與「期盼－糾纏－分離」的模式中循環不已。經歷了數段感情，多次的失望後，我開始探究生命。開始修行時，我不斷

反省探索自己的人生,見著自己的缺失和自己的生命模式。我期望以自己對生命的深度探索、自身的修行實踐,來達成不假外求、日日成長,以成就自我圓滿的生命狀態。

我深刻認識到,年輕時將絕大部分心力投注於情感中,並沒有好壞之分。實則我們可藉由情感或婚姻的經歷,來觀照自己的生命,如此亦能在生命中獲得十分重要的成長與歷練。

深層因緣果的業力牽引

作為重情感、偏感性的女性,早年在挫敗的兩性關係中,慢慢理解了內在的原因之後,我開始探究生命的真相,走上修行之路,不斷地反思自己,看懂自己。因為來自母親的壓力和情緒,以及對於父親主動的疏離,使得我對於情愛感到匱乏,對於被愛真切渴望。我以為我對人真誠,不斷付出、犧牲,就會換得對方的情愛。也因為這種渴求,讓我忘記了愛的本身,也許我對於他們,沒能觸及真正的愛意,只是努力想填補內心的坑洞。或者更深層次的,我在這一期生命中,進行著隨伴業力的強化或是隨伴業力的消融清理。

在痛苦和彷徨的時候,我嘗試從心理學上,從修行中,尋找走出困境的方法。我曾有幸面見一位修行智者仁波切,苦惱的我,稚氣地發問,能不能以修行的懲戒法來懲罰這些失德、自私的人。仁波切對我的情感經歷開示說:「你無法阻止這些情感因果。有些關係是你的前世因果,有些關係是

你修行後,本該在未來世呈現,卻提前現前的業力。這些都是你該承擔的因果,通過你內在的持續修持,將可以提升你的感悟,進而超越現象面,來成就你解脫的智慧。」

我在修行的道路上,以不斷提升、轉化與超越自我的生命課業中,逐漸看到情愛關係與婚姻關係的深層本質。佛教中的因緣果報理論框架,這一古老而深邃的智慧,為我們揭示了人與人之間相遇、相知、相愛的背後,往往隱藏著錯綜複雜的因果鏈條。這些關係不僅是情感的交織,更是靈魂深處業力的顯現,每一次的相遇與分離,都是生命過往業因的成熟與釋放。

在這樣的框架下,我們如何看待並經營好情愛關係與婚姻關係,便成為了一門學問、一種修行。首先,認識到關係中的每一次衝突、每一次和諧,都是雙方內心世界的投射與共鳴。通過覺察這些投射,我們可以逐漸揭開自己性格習氣的面紗,看見那些隱藏在言行舉止背後的深層動機與需求。

在關係中,我們常會發現自己在面對特定情境時,會不自覺地重複某種溝通模式或情緒反應。這些僵化的模式,往往是過去經歷留下的烙印習性,它們限制了我們的視野,阻礙了情感的流動。通過深入探索並理解這些模式背後的原因,我們可以開始有意識地調整自己的行為方式,學習以更加開放、包容的態度去面對伴侶和自己。

消融僵化的模式,並不意味著完全摒棄過去的自我,而是要在接納與理解的基礎上,進行積極的轉化與提升。這需要我們擁有足夠的自我覺察力,能夠時刻保持清醒的覺察,

不被情緒所左右。同時，也需要我們勇於面對自己的不足，願意為關係和諧而付出努力。

在情愛關係與婚姻關係中，包容是一種至高無上的美德。它要求我們在面對對方的缺點與不足時，能夠保持一顆仁慈與理解的心，不輕易指責，不輕易放棄。通過包容，我們可以為彼此創造一個安全、舒適的成長空間，讓愛得以在理解與尊重中生根發芽，茁壯成長。當然，這其中最重要的，是需要雙方共同取得共識後，相互信守，持續成長，攜手前行。

最終，當我能夠藉由情愛關係的磨礪，不斷地覺知自我、消融模式、達到包容外在時，我發現，我開始可以變得柔軟，放下一些限制性的信念，把自我的邊界慢慢擴大，慢慢實現從自我到超越自我的進步，每進一步都會有欣喜和愉悅。隨著生命內在的邊界擴大，我可以涵容更寬廣的世界，不再自我束縛。我完成了個人情感的超越，純粹地只期望未來能對世界和社會有所貢獻。

年輕的時候，總想通過愛情來填補成長過程缺愛的「坑洞」，晚來終得超越兩性關係的迷障。在人生有了足夠的歷練之後，通過探索生命與自我修習等，更以靈性的方式來補足，在自己的生命中達成本自具足的真正內心滿足。同時，放寬自我世界的邊界，將內心曾匱乏的愛，轉為能陪伴扶助有困惑之人、延展於他人的能量，以此產生更多大愛的流動。期盼在化解世界的對抗與戾氣，我能盡一份綿薄的心力。不去渴望外來的愛，而是自己能成為那個愛。

隨著我走在修行路上的不斷前行，才逐漸領悟。此前種種，都是停留在小我的層面，執著於小我，不在覺醒狀態，一直處在虛幻，而沒有認知到大我（真我）的存在，也不是本智自性的我在活著，是被困在先天業力、後天原生家庭的影響、潛意識的操控中，不斷呈現小我的需求。生活情愛裡總是受挫受傷，經歷著一段又一段磨難，一次又一次地萎縮自己，最後陷入難解的煩惱或失落裡，得出的結論總想著是本命或運程不好。

努力活在小我層面的人，從根本上來說是無法自由的，絕大多數都是受困於情緒和欲望之中。

幸運的是，兩性情感上的磨難和痛苦讓我走向修行，我開始意識到，小我不是真正的我自己，我開始思考「我是誰」，開始尋找自我、尋找真相。開始明白，那一直以來支配自己的意識，並不能構成真正完整的我自己。我開始發覺到那生命中曾經黯淡無光、完全被遮蔽的自性真我，我漸漸地不斷接近這個猶如不見天日的大我（真我），並開啟擁抱大我的路徑，逐漸走向光明，聽從它的指引走向更清晰、喜悅的生命。

互為因果：生命中的奇妙交織

年輕的時候，我會因情感的糾葛和困境，而怨懟命運與境遇的不公，因而苦悶和彷徨。直到了我眼下的年齡，也因著不斷地成長與修行，讓我悟得了，那些曾經看似困擾我的「因」，其實正是成就今日之「果」的寶貴財富。

所謂「互為因果」，它並不是單純的因果報應，而是指生命中的每一個「果」，都是由無數個「因」交織而成的。每一個「因」在不斷地影響著未來的「果」，同時未來的「果」也會反過來影響過去的「因」。果與因之間仍能存在著一種微妙而深刻的聯繫，它們相互決定，共同構成了人生的更多可能性。

就我的小我而言，我因為與父母親之間的關係糾葛、原生家庭的境遇，形成我生命能量的吸引、相處與應對模式。成年之後，我所經歷的數段兩性情感，始終在「渴望－拯救」與「期盼－糾纏－分離」的模式中循環，這些處境讓我頗為受挫。如果原生家庭的境遇是「因」，而兩性情感的不甚成功是「果」，那麼似乎這「因」不是好「因」，這「果」也非是好「果」。

當我的生命歷程延展到如今，當我決定寫下這本書的時候，我懂得也更了悟，正是原生家庭這樣的境遇，讓我更加深刻地理解了人性存在的複雜和情感的細膩。也正是因為在兩性關係中的挫折，讓我更多地領悟人生和關係的真諦。當我藉由寫下這本書，將我對於人生、對於情感、對於修行的

個人經驗,向更多的人展現,與更多的人連結,並能對讀者產生裨益、啟發他們去思考、去成長的時候,於是這個「果」就是好「果」,而此前的「因」與「果」,便都轉化為好「因」與好「果」。

互為因果的意義在於,生命中的每一個經歷,無論好壞,都有其獨特的價值和意義。正是因為這些經歷,才塑造了我們今天的生命。而更深層次的含義在於,我們在任何時候,都可以做出改變我們生命的過去與未來意念的看法解讀,我們現在所做的每一個選擇,都是未來的「因」,都能影響未來的「果」;同時它亦是現在的「果」,能影響和轉化過去的「因」。

更重要的是,我們對事情的詮釋,不應該僅僅把眼光停留在當前的困境上,而應該看到更遠的未來。只要我們的生命在持續延展,我們在不斷成長,每一個「因」都有其存在的價值。我們在生命的任何時刻的努力與成長,都能影響我們的過去與未來。這讓我們看到生命每一刻存在的價值和意義,也正呼應了加措活佛所言——「一切都是最好的安排。」

第三章
努力的職場女性

　　從我少不更事開始，直至中年的情愛與婚姻關係，以及在我二十三歲起，正式進入職場長達二十年的商業領域職業生涯中，那些在紅塵中跌跌撞撞的歲月，如今看來，是靈魂早已寫好的修行課業。

　　幸運的是，我在情愛、婚姻、職場的世俗道路上跌撞前行時，能與許多出世修行的世外高人結緣。他們引領著我、開示著我、啟發著我，如暗夜明燈，讓我在青春年少時，即開始用心探索尋訪世間多面向的真理足跡。每當外在遇見業力引動的關鍵選擇時，都能夠讓我透過內在遠古的智慧，做出對自己更忠誠、對別人更慈悲的選擇，使我既忠於本心，又懷揣慈悲；既能看透世情百態，又能以更遼闊的胸襟待人接物。這些領悟，正是穿越所有迷障後最珍貴的饋贈。

　　從小父親對我就有頗高的期許，他希望我好好念書，能夠擁有很耀眼的學歷和淵博的學識，之後能成為一個對社會作出貢獻的人。這份期盼背後，藏著父親自己的遺憾——在家鄉當鄉長時，擁有統籌與處置事務的權力；到了臺灣，卻只是公務人員隊伍中的小螺絲釘，有志難酬。

　　這和現在很多家長一樣，我的父親將自己沒能達成的目標，轉變成對孩子的期許，希望孩子能實現他未完成的夢想。

職場初體驗：秘書生涯的啟蒙與成長

我初始的二十年商業職場生涯，正是處在臺灣最美好、最富庶安定的年代。當年在職場上的我是幸運的，兩份工作的兩位大老闆對我有知遇之恩，我於此中經歷了生命中另一個重要的歷練與學習。

二十三歲，大學畢業後我的第一份正式工作，是一家知名建設企業董事長秘書崗位，應聘時由企業董事長親自面試。我乖巧的談吐、公務員父親的背景和客家人母親的身分（後來才知道董事長是潮州人），使得我很順利被錄用。這一待，就是十年光景（其中有兩年我婚後赴美，董事長批准留職停薪）。

當時公司運營的房地產業務啟動了一個重大專案，是全臺灣最大、歐美式的商業綜合體建設專案。這個專案有兩個投資方，一方是我所屬的公司，董事長在年輕的時候曾追隨國民黨部隊；另一方則是當時臺灣本土派的民進黨大佬。

作為知名的建設企業，公司擁有一流的私人俱樂部。在當時社會氛圍較為保守的情況下，兩黨高層政治人物或商業鉅子不方便在外宴客，便屢屢借用這個私人俱樂部，商談議事。我被董事長指派負責俱樂部的接待工作，所接觸之人，幾乎都是當時臺灣政商界的活躍人士。

董事長不願有政商勾結之嫌，基本不直接與政治權貴謀面。他對我則有明確的要求，公務接觸期間，不得攀附權貴。我謹記在心，在那些觥籌交錯的場合裡，盡職務之責，

我始終心懷敬畏，清醒而不失禮節地保持分寸。正是這種分寸感和自律，讓我穫得了董事長長久的信任和器重。

董事長的器重像把雙刃劍，一方面讓我在重要場合歷練成長，另一方面也讓我學習面對同事人際間的暗湧課題。

董事長的長子，是當時公司的總經理，負責公司的融資工作。有一次，他安排我去接待公司的重要金主，一位來自東南亞華人金融企業的總裁。初次獨當一面接待這樣的重量級人物，我既疑慮又擔憂。總經理臨行前的叮囑更讓我如履薄冰，「如果他飲酒過量，就要馬上電話告知我們，公司會立刻處理」。

在接待中，我的忐忑和戰戰兢兢太過明顯，反倒惹得那位總裁朗聲大笑：「別擔心，我女兒的年紀都比你大很多。」他眼角的笑紋裡，藏著閱人無數的了然，一句話卸下了我的心防，消除隔閡。

這位總裁後來常因商務往來臺灣，即便數年後我已轉投他職，他仍保持著約我敘舊的慣例。熟稔之後，他曾半開玩笑地坦言，每次來到臺灣，總有不少女人刻意逢迎，但他給自己立下的規則是，同一女性見面絕不超過三次。倒是對金錢淡然處之、對權勢保持距離的我，因這份不卑不亢的真誠，獲得了總裁的尊重。這份跨越年齡與身分的友誼，在功利場中我亦深感珍貴。

若干年後，一位易經大師告訴我，這位總裁是我生命中對待我最真摯的異性友人。雖然在之後很長一段時日，我離開了商業職場環境，進入身心靈的研修學習時期，因與總裁

所處外在環境上的差異,話題不再共通,便少有機會與他見面,只在年節時電話問安。

某一年的年節,在與總裁電話問候時,腦海中突然浮現易經大師所言,想起總裁年事已高,我當即訂下最近的航班,當日往返於他所在的國家探望,這一行動,來自於我內心真誠的意念。自我二十幾歲,到四、五十歲,與他相識二、三十年,此次探望,是對這份似近又似特別遙遠的忘年友誼,作最後的告別。這份忘年友誼,無關金錢,也無關兒女私情,它超越世俗的功利計較,只是兩者真誠的友誼偶然相遇,長久照見。

風雲變幻:政商案件中的堅守與信任

我在上述建設企業任職期間,曾親歷當年國民黨與民進黨兩黨涉及的第一次政商案件。這段甚囂塵上的風波,在互聯網的記錄裡至今仍散落著蛛絲馬跡。

一九八七年,臺灣兩黨議員圍剿了我公司申請的開發專案。隔年,民進黨某市議員透過記者在報刊發表言論,披露開發專案有舞弊行為。其後,民進黨議員在「議會」上又進一步宣稱,「開發專案的賄款撒向了市府官員及議員」。臺北市議會當即宣布將此案交「調查局」偵辦。因多名市議員和官員涉案,引起巨大的社會震撼。國民黨、民進黨相關議員均因涉案而備受爭議。

作為一個親歷者,我所瞭解的是,當時開發專案的大土

地面積,屬於上文提到的公司另一個投資方——民進黨大佬所擁有。我所屬公司的董事長欲同他合作,研議在臺灣蓋一個歐美式的大型綜合商場。當時諸多議員前來向我們公司瞭解專案,洽談周邊產業合作,以期共創利益。那位以報導揭發炒作的民進黨議員,或許是在利益博弈中未能如願,又可能是對專案可能存在的分配,心生不明就裡的猜測,所以才選擇將這場暗流湧動的博弈,硬生生撕開一道口子,曝曬在公眾的審視之下。

　　報刊發布以後,董事長過去在國民黨部的前長官提醒他,趕緊離開臺灣,否則應會被羈押詢問。董事長聽從勸誡,趕回香港,從此再也沒有踏足臺灣。

　　那段時間,調查人員如潮水般湧入公司,翻檢檔案、帶走資料,高層主管、財務人員接連被押往看守所。公司上下人心惶惶,唯恐受到牽連。在這風聲鶴唳之際,董事長卻獨獨選中我留守處理善後。如同潛意識中的俠女一般,我義無反顧地接下這個任務,協助公司在非常時期處理這棘手事務。

　　當時,於外我要應對媒體,於內我要研讀報紙,需要將報導逐條摘錄,傳真給在香港的董事長,讓他隨時瞭解案件在臺灣社會上的輿論情況。由於我細心盡責的工作,也被董事長委託代為出席法院的庭審等事務。我彷彿站在風暴中心,卻意外地意識到自己內在堅定沉著的力量。

　　在公司的動盪時期,我始終恪守本分,這份忠誠讓遠在香港的董事長多年來仍與我保持深厚主顧情誼。他不僅慷慨出借臺灣頂級招待所供我先生拍戲使用,更主動提出願出資

千萬支持他的藝術理想。只是那時我已潛心修行，我思索著，我先生拍攝創作影片中的暴力美學與影片過於商業取向，恐無益於世道人心，我終究婉謝了董事長的這番美意。

職場轉折：從轉行金融到自我覺醒

三十四歲那年，命運為我開啟了新的篇章。由於上述案件的發生，我任職的建設企業逐步退出臺灣，其後，前董事長交代的後續工作，是委託我處理其別墅出售事宜，在這個過程中便結識了金融界的陳董。這位眼光獨到的企業家，恰恰看中了我對前東家的忠誠信義，邀請我參與籌建新金融機構，當時曾獲得一位修行老佛爺的打卦認可。人生際遇的流轉，往往就在這樣的因果相續中悄然成就。

應該是基於我曾是臺灣首席房地產企業的機要秘書，初接觸陳董參觀他的金融總部時，他便領我去認識當年臺灣股市的「四大金釵」之首。其實，這是安排我去跟隨這位專業炒家，買股票獲利，可是當時我腦海裡全然沒有這根連結財富的弦。

新金融機構籌備一年後正式成立。即便我的工作間緊挨著公司的股票交易團隊，我也從未打探過相關投資資訊，全然沒有跟隨他們賺錢的念頭。現在想來，那時的我除了埋頭工作，心思全撲在修行上──對金錢財富無欲無求，對人情世故也相對較為脫離、出世，如同是身在紅塵、心在雲端的局外人。

平日我常思索著，能怎麼幫襯在商場上總是兢兢業業，要努力拚搏的企業經營者，如我的雇主老闆。我新就職的這家金融企業總部大樓，跟上文提及的東南亞金融企業總裁在臺灣的總部大樓相鄰並排。於是，透過我的牽線搭橋，兩家企業曾協議商討兩地業務合作的可能性。

　　新金融機構成立以後，我擔任董事會秘書，兼總經理秘書。工作中，陳董肯定我的工作態度與工作表現，在例行的管理層會議中，他總會讓我坐在他旁邊，做會議紀要。當會議結束後，指示我坐他的車下班，以此告訴其他經理人，我是屬於雇主方，而其他經理人屬於受雇職員。

　　那一時期，臺灣經濟繁榮，私人企業創辦的新金融機構如雨後春筍般湧現，和我所任職的金融機構差不多同期獲准成立的就有十六家之多。在新金融機構不免相互競爭下的某日，某財經記者在報紙上發表文章，聲稱我方金融機構存在風險。這篇報導直接導致我方機構陷入經營危機。

　　此外，陳董家族兄弟們意見相左，大哥、二哥（陳董排行老三）都寄望獲取董事長寶座。在內憂外患下，本就常年體弱的陳董，英年早逝，時年僅四十二歲。

　　之後他的大哥獲得一金融機構董事長的寶座，二哥獲得另一機構的寶座。因為新上任的董事長已有原來跟隨的機要秘書，我便主動請調至分部，擔任高級專員，一如副理職務。

　　當時，我管理分部五十餘人團隊，是兩個職責鮮明的部門：團隊一邊是銷售金融產品的業務員，他們用精心設計的話術推銷信用卡給客戶，而客戶中有大量是缺乏自我管理

能力的年輕人,當他們申辦獲取信用卡之後,便毫無節制地消費,將信用卡刷爆,造成個人信用破產;團隊另一邊則是追討欠款的法務專員,負責將這些刷爆卡的客戶們告上法庭。我對這樣的工作取向難以認同,不久之後,我便主動請辭這份還算是高薪的工作,短暫赴美,前去陪伴在美求學的兒子。

那年,我四十四歲。

學術深造：跨界學習與心靈成長

　　我能很清晰地感知到，自己在商業職場的奮鬥與追求，並不是來自我生命內在的志業，更多的是來自與我所深愛父親的連結。他期待我在職場工作中成為一名有一定社會貢獻的角色，於是，我體恤著這期待往前行，同時為我帶來一些特殊而難得的職場際遇。但這並非源自我的志業，也未能給我帶來發自內心的成就和滿足感，反而讓我對於生命的意義產生了疑惑。父親期待的社會角色，終究抵不過內心真實的渴求，於是，我最終做了一個了斷，選擇離去二十年的商業職場生涯，進而追尋自我所願的內在聲音。

　　回望青春期的我，因與母親難有母女親情的互動，又與父親疏離，在情緒陷於孤寂落寞，敏感而缺乏支持的心境下，我並沒有將心思放在高中學業的學習上，大考失利複讀一年後，方考上傳媒影視學院。

　　然而，在我的潛意識深處，一直希望能夠圓滿我所深愛父親對於我在學業上的期許，因此，我一直沒有放棄持續的學習，期望獲得更高的學位。當我退出商業職場後，四十五歲的我，考取了某大學的社會科學院繼續深造，正式修讀完成宗教哲學的碩士學位，並且在坊間各個類別的工作坊，大量涉獵身心靈成長的知識，在宗教團體內學習修行的智慧。同時，我從事大量的心理學、身心靈、修行方面的教職與諮詢工作，亦曾於臺灣兩所科技大學任生命教育通識課程的教職，當年我於任教期間，也曾以我主要教學「愛的心理

學」課程，在校方選拔優良課程時，獲得頒發「特優」課程的榮譽。

五十二歲的時候，一個機緣下，我踏上父親生長的故土，來到廣州華南師範大學心理學院開啟人生新篇章，其後取得心理學的博士學位。特別要感謝我在讀博期間，華南師大的博士導師張教授及王教授，他們不僅悉心指導我的博士論文，更在我取得博士學位後，為我打開學術之門，引薦我擔任大學的外聘教職和校內外的心理諮詢工作。讀博期間也曾經於華師申教授門下學習過沙盤遊戲治療法，於此亦深深銘謝。

自二〇一七年定居廣州以來，我在華南師大同時肩負教學與心理諮詢雙重使命，更於私人公司受邀為多家半官方機構、知名心理平臺和企業提供心理諮詢專業服務，讓我得以將多年人生積澱轉化為助人智慧。

因為近年兩岸關係持續緊張嚴峻，基於情勢考量，我不便繼續從事日常學期的教學工作。於是，我更多地通過講座或一對一的心理諮詢方式，運用自己學習的知識、人生的經驗以及成長修行而來的智慧，對當下的年輕人宣導正向積極的心理認知，以及提供需要時的心理諮詢，幫助他們走出困境。

眼下大陸的這一代年輕人，他們正面臨世界百年未有的大變局、時代的紅利消失、就業競爭加劇，不得不面對學業、工作、情感、家庭多重困局，內心充滿了對於現狀的焦慮、對於未來的擔憂、對於生存的壓力。在熙熙攘攘的社會

中,他們肩負巨大的社會壓力和家庭期待,即使日常周邊或有老師同儕朋友的協作共進,他們卻依然的掙扎和孤獨,往往找不到抒發內心真實感受的途徑。與此同時,因著我工作的接觸,我卻驚訝地發覺,這些年輕人,就算是苦悶的年輕人,雖然他們受到世界外在經濟環境連動的影響,大半未能如願順遂,但他們潛意識裡那股向上向強的意志,以及對自己深切期許的盼望,讓我深深相信,假以時日,當逢天時地利具備的交輝時,當目前純物質的失落意識與日後世界逐漸提升的精神意識相整合時,未來他們所創造的中國社會,將更加的美好強健。

這些年我盡力成為他們的傾聽者和陪伴支持者,讓他們在我的心理諮詢中找到一絲慰藉,同時也引領他們打開新的視角,對自己、對生命能有更進一步的理解。

我與他們分享自己的人生歷程和心得,我年輕的時候受困於當時的心理狀態,沒能在學業上取得好成果,但當我的人生擁有許多經驗之後,再去深造學位,也不失為另一個很好的選擇。我認為,我後續獲取學位,以及在坊間社會工作坊上的學習,就是對我人生認知與經驗的整合。我把所學的知識內化到生命裡,應用到生活和修行中,並為我的生命開闢新的空間,走向了我的人生天職和使命。

我常常告知年輕人,如同我在四、五十歲才開始讀碩士、博士一樣,任何時候開始都不嫌晚,只要人的內心潛藏有努力向上的種子,就會在適合的時節生根發芽。我鼓勵他們不必過分焦慮未來,人的一生很長,保持前行的勇氣,終

會遇見屬於自己的風景。這八年來我在大陸定居，我對現下大陸的年輕人是深具信心的，我見識到他們內在各個擁有努力的種子，他們最終能活出成果的關鍵則在於，是否能夠等待天時地利以及各自業因的成熟，是否能夠接受與臣服來到眼前內在與外在所呈現自己應該走過歷經的一切挑戰。

　　我盡我所能為這些年輕人提供心理諮詢與輔導，一直以來我都堅守在大學從事心理諮詢兼職，我堅信，我的誠意和付出對他們是有意義的，或許能為他們撥開一些迷霧迷茫。我在現有職稱的費用規範內，儘量將我在坊間的心理諮詢收費降低，以此減輕那些情緒受困者的經濟壓力。我希望通過我的陪伴與扶持，能夠讓他們找到前進的方向，勘破內心的迷霧，走過生命的困境，成為穩住自己生命的好舵手。

有藝術的天賦和偏好，卻投身於商業職場

　　我天生是個左撇子，所有動作都以左手為主導運行，但多虧了母親在我幼年時的嚴格糾正，使我如今也能用右手吃飯寫字，而打球、縫紉、炒切等動作時仍保持著左手的本能。從泛科學的角度而言，這使得我的大腦功能沒有「偏科」，同時強化了左腦（精細、序列化）和右腦（空間、整體處理）的功能，通過大腦的胼胝體顯著增強左右腦之間的連接和協同工作能力。這通過連接實現地協同，通常被認為是認知優勢的體現，也因此能較好的幫助我提升認知與實踐修持的二元整合。

　　然而，我與生俱來慣用左手的特質，讓我的右腦成為天賦所在。右腦主要負責空間形象記憶、直覺、情感、身體協調、視知覺、美術、音樂節奏、想像力、靈感、頓悟等，所以右腦也叫本能腦、潛意識腦、創造腦、音樂腦、藝術腦。

　　我在學生時期即展現出在繪畫、音樂、毛筆書法、美學等有較佳天賦，但是我的父親並不重視我在藝術方面的發展，只是在幼時經常隨著父親觀賞黃梅戲、京劇、歌曲、新聞報導等有所接觸。那個時期也沒能讓我有自主選擇的環境，以至於無法依據自我的興趣去探尋，因此，我的藝術天賦終究未能得到充分培養。而我在這先天右腦主導的主天賦中，在高考時，也只是按照分數高低勾選志願，並沒有刻意選擇科系，卻也連結上以廣播、電視、電影等藝術專業為主的傳媒大學就讀。

後來,一直延續到我中晚年的學習、教導與心理諮詢,都是以右腦相關的藝術治療、超個人心理學、身心靈合一的實踐為主。

由此可見,無論是天賦上,還是個人機緣上,我都是適合選擇以右腦呈現的創造之路,作為實現自我價值的最優路線。

右腦主導的人通常具有更強的創造力、想像力和藝術感知力,這些特質在藝術領域尤為寶貴。但當這樣一個人被置於商業環境中時,這些特質可能會無處安放。因為商業工作往往更加注重邏輯分析、資料處理和結果導向,這與右腦主導的創造性和直覺性思維方式存在較大的差異。這種背離,導致我在工作中時常感到壓抑,只因我的天賦和興趣並不能得到充分的認可和展現。

我在最靠近金錢的房地產、金融業工作,非我潛在本能的天賦所在,我對於房產、增加財富的機會並不敏感,不太在意金錢的價值,以至於對積累財富,我並沒有嚮往的心思。

毫無疑問,我在價值觀念上與商業環境不是合適的匹配。商業職場往往以金錢為衡量成功的主要標準,而對我而言,更加看重精神層面的滿足和內心的充實。這種價值觀念的差異,也使我在商場的工作中感到難以再前進發展潛能,因為純粹的金錢或物質,並不能與我的內心相應與契合。

職業的不適配,導致我在自我認同上無法獲得群體的歸屬感。到後期,我內在的潛意識運轉機制,很自然地引領我順勢的選擇離開商場。我開始積極地進行自我探索和調適,最終告別了商業職場,回歸到自我生命的價值所在。

服從威權，給我機會的同時也施以壓制

在臺灣當時的環境下，包括我的原生家庭，大抵都是父權至上的教育氛圍，我同樣也在父權環境下成長。

在父權體系下，我亦如其他很多人一樣，形成了對權威的依賴心理，體現在行為上的是服從。當我們內心認為權威是可靠的，便傾向於不假思索地遵循權威的行為模式。我的生命呈現出的乖巧和服從，兼具俠義的應對方式，都幫助我在父權體系中得到認可，以此獲得了安定感和被接納感。

這也是何以我在年少時的職業選擇中，努力完成父親在社會層面上對我期許的內在動力所在。

年少時，因為與父親的疏離，我在心理上失去了父親這棵可以依靠的大樹；成人後，在兩性關係中，一直也沒能擁有真正較長時間的親密依存，無法在其中得到依靠。因此，在職場生存裡，我潛意識裡便渴望依賴於某個男性權威，以獲得安定感和被接納。同時，呼應成長期父親對我身有貢獻的期待，潛意識裡這樣的能量和磁場，便為我吸引來特別的職場際遇，因此，這才有我先後給兩位大老闆任機要秘書或特別助理職務。

我的乖巧和服從，傳承父親不計較的俠義性格，對人對事的忠誠，深得老闆們的認可。同時我也擁有處事的能耐：本性的內斂、做事井井有條、將老闆的指示做出完善的規劃與切實的執行。我以人際處事的圓融、誠摯盡心盡力的付出，為老闆解決和處理諸多問題，多年來深得老闆的信賴與倚重。

然而，我內在更高的意識，或說是那高維度出世的高靈們，似乎不應允我長期依附於權威而存在。因此，當我一旦將生命的本身寄託在外，視老闆為父親或是所依靠的權威時，總會有意外發生，或是公司事件，或是人生離合，導致我所能依附的權威終究被迫摧毀。

當我們長期在權威體系下生活和工作，我們會逐漸模糊自己的自我認同，會將自己的價值、能力、成功、權威的評價和認可，聯繫在一起。當年我亦是如此。

一旦權威倒塌，我也陷入心理層面的失衡中，幸而，真要感謝在我生命的內核處，它具備強大的毀滅後重生的能量，讓我總能隨著心意走入下一階段的劇情。

所有的成長，都是從艱難、苦難中開始。生命教導我的是——「要站在自己的腳跟上，完成自我實現」，而非寄生於一棵大樹。

我進行深刻的心理調適，對自我生命內在的探索，意識到自己的依賴心理和自我認同的模糊性，並努力尋找新的自我價值定位。同時，培養自己的獨立性和應對挑戰的能力，學會走向變化、接受變化、擁抱變化，將這變化視為成長和進步的機會。

從此，我選擇走向不一樣的道路，正式考入大學院校，進入學問的學習與持續的實踐修行。存於我內核中的深層潛意識裡，牽引來更適合我的藝術性、創造性；更匹配屬於我認同的價值，走向能服務於社會大眾的工作。我以逐漸擺脫對權威的過度依賴和自我認同的模糊性，實現更加獨立、自主和成長的人生。

「外部期望」與「自我認同」

四十四歲時，我對生命有了深的感悟。回頭看這二十來年，於商業職場上用心，努力成為一名有所貢獻的輔佐要角。這其中驅動力，源於完成父親對於我在社會層面的期許。但是，這並不是我生命內在的自我願景。

而今，在眼前華人文化氛圍中尤為常見——許多孩子被父母的期望所裹挾，甚至一生都在為了滿足父母本身未曾實現的期望、彌補父母自己人生的遺憾而努力，而非真正追求自己內心的渴望。

我在人生成長、修行的過程中，開始意識到當時牽動而來的商場路途，並不是自己生命內在的選擇。於是，我開始嘗試遵循內心的真實願望，並順著外在環境的變化，離開商業領域，真正走向自我認可的真實價值。我認為走在生命自我內在選擇的道路上，是實現個人價值和幸福的關鍵。有句話說得好：人生的幸福，在於尋獲有意義的快樂。

與此同時，我也開始懂得了父親的教導所給予我的啟發和意義。正如佛家因果律所言，一切事物都是因緣和合而生，果報相隨。我為了滿足我所深愛父親的期待而付出努力，努力走在並非自我期許的道路上。在外顯的層面，雖然也未獲得順利的好結果，但並不意味著努力本身沒有價值。它依然是我走過的路和看過的風景，它應化了我的因果業力，讓我走向了自我的清明。面對不盡如人意的結果，我得以獲得放下和深刻反思的契機，獲得在未來的道路上做出更

加明智、更加追隨本心的選擇,哪怕當時我已是人生過半。我學會了放下對結果的執著和對外在評價的依賴,回歸內心的意義,獲得了生命的坦然與自由。

我離開商場,可以視為一種對自我認知的覺醒和對內心需求的回應。在佛家看來,這是一種勇敢智慧的抉擇。離開,並不意味著逃避或無法勝任,而是為了更好地認識自己、找到真正適合自己的人生道路。

從此之後,我迎來了新的生活階段和可能性,得以繼續觀照內心、修煉心性、積累善業。通過不斷學習和成長,逐漸發現自己內在的力量和價值所在,並最終實現我在個人與社會的實踐中,達成的和諧與平衡。

第四章
行者尋訪的足跡

早年的涉獵

在我早年的時候，便體驗了生命中的諸多困惑，原生家庭的糾葛、學業的迷茫、情感的困頓，都讓我迫切想要尋找答案。因此，我在大學傳媒學院就讀的時候開始，就對手相、面相、八字、風水、姓名學、紫微斗數以及西洋星象、塔羅牌等傳統命理產生了濃厚的興趣，也熱切地研究與逐步學習。

行天宮與龍山寺是臺灣兩座著名的宮廟，在宮廟的地下街，匯聚了許多看相算命的專業人士。大學時我常與同學結伴前往，懷著既忐忑又期待的心情，看相師如何從掌紋眉宇間解讀命運密碼，在此同時，我也興致盎然地去學習各類命理中的一些相關知識。直到後來才逐漸明白，這些外在的表徵，不過是揭示了命運圖景的一小部分。要真正理解一個人的整體命數，需要探索融合更多元深層的生命元素。

那時，我還跟隨當時男友的家人，接觸了在臺灣傳授密法的林大師。他是密宗的修行者，身邊經常聚集一批當時臺灣的社會名流和明星大腕，因與他的不時接觸，我也有緣得見這些社會名流。

學院剛畢業時，我曾經結識過一位擁有通靈能力的財經界白領。他的母親是修行者，他繼承了某些特殊的能力。在工作地點旁的咖啡廳裡，他經常為前來求助的人們進行通靈諮詢。機緣巧合下，他邀請慕名而來的我，坐在他旁邊，在較長一段時日裡，一同聆聽其他前來探訪者的命運故事。那時的我，對這一切感到大開眼界，既新奇眾人命運的多元性，又對眾人各自命運的多舛所感慨。

　　我結婚之前，他建言我和孩子的父親需要「過水」才會迎來人生的轉機。婚後我孩子的父親真去考了美國的GRE，前往美國深造，一年後我也一同去了美國學習。這段預言般的指引，成為我人生轉折的奇妙註腳。

　　結婚初期的那段時間，我時常到菩提園佛學道場學習佛法，得以遇見了兩位修行路上的先行者——曹老師和聶老師。

　　曹老師是兩家專注於身心靈探索出版社的發行人。晚年，六十多歲的她罹患癌症，選擇以一種獨特的方式面對生命的終章——生前告別式。

　　回想考大學的那段日子，我時常遭遇「鬼壓床」，聶老師則以其獨到的見解為我解惑：那些壓迫感並非來自幽冥的鬼魂，而是自然界中動物的靈識。當我們的能量場虛弱時，它們便可能趁虛而入，影響我們的身心狀態。

　　我孩子的爺爺奶奶是非常虔誠的天主教徒，經常會延請一些修女來家中念玫瑰經。婚後，在孩子的父親先赴美國求學的那一年裡，孩子的奶奶常邀請我在週六下班後去天主堂單獨聽神父講道，周日則去教堂參加天主堂彌撒活動。後

來，我待在美國的時日裡，也經常去基督教會，跟一些和藹的美國老太太們讀聖經、傳福音。

我廣泛閱讀西方身心靈成長方面的書籍，包括西方新時代 New Age 的書籍，跟隨孫老師和胡老師，開啟拙火。那時候的我才二十多歲，孫老師親手贈予一串至今我還收藏的念珠。是孫老師開啟了胡老師的拙火，而胡老師開啟了我的初次拙火。

在臺灣新北市知名的禪寺，我朝山禮佛、抄經修行，並皈依了佛門，禪寺的住持賜予我頭一回的法號名。我也曾在臺灣新北市郊區另一座禪寺參加精進禪七，在靜默中探索自我，七天不言不語，只是重複著打坐與跑堂，讓我感受到了前所未有的寧靜與力量，靜坐中也再度喚醒了我內在奇妙的拙火現象。說起我的拙火現象，值得一說是有回一老婦人開車撞上另一輛坐在車內的我，小車禍傷及我上半身右側內神經十分疼痛。當天立刻就醫，醫囑需休養三個月。未料返家後因疼痛無法躺下入睡，在靜坐中拙火自發啟動，首先是右手臂無意識旋轉一小段時間，接續左右臂規則性無意識相互旋轉較長一段時間後停止。隨即奇蹟般復原再不疼痛，當下我大為驚訝，這竟是來自人體神奇的自癒能力。

二十多歲時，我首次踏上大陸這片土地，當時，我在臺工作的香港老闆安排我與幾位同事，到大陸去實地瞭解內地的環境，增長見識。抵達廣東韶關的第一天，因離景區開放時間尚早，導遊臨時提議讓我們去山頂寺廟拜訪一位十分難約見的九十多歲老和尚，據說他走在森林裡，蛇蟲野獸都會

退避三舍。我們心懷好奇和期待前往，沒想到真的有緣得見。在見到老和尚的那一瞬間，一種莫名的觸動，讓我不由自主地雙膝跪地，抑制不住地淚流滿面，好幾分鐘才緩過來。老和尚就坐在那裡，慈悲地看著我。或許，這是前世因緣的牽引，才有這後世的一瞥。那一刻法相祥和、蘊含深厚慈悲的老和尚，是代表著這片土地與亙古智慧的相契。而這是我首次踏上故土的初次連結，深刻觸發了我血脈裡的感動。其中留下更為美好的，是當年我在鼎湖寺廟山腳下歡喜購得的一尊小巧玉觀音，這尊玉觀音一直被我珍視著，至今四十多年來隨著我的遷移，始終擺放在我家中的佛龕上供奉。

在江西鵝湖學堂於臺北復辦的鵝湖人文書院，其中的曾、林兩位教授，我曾於臺北的華山講堂與他們結緣拜學，向他們深入學習了《易經》和《道德經》。這兩位教授深諳《易經》玄機、《道德經》智慧，其淵博學識與深厚修養廣受臺灣學界推崇。我初學《易經》時，如同接觸宇宙密碼，《道德經》，是「有」和「無」之間點破本質的理解學習。那時的我，同時在研習密宗密法，學習西方哲學。

那些年，我也曾參加過各類靈性的研修，以不菲的費用參加了各類工作坊。有的工作坊會營造出一種彷彿置身於母親子宮的氛圍，大型音響播放類似胎音的音樂，引導我們感受自我生命的起源，喚起最原初的感受，進而連結我們的潛意識。很多學員在這種體驗中痛哭流涕，並得到了潛意識的釋放。有的工作坊還曾讓我們書寫遺書，想像自己與親近的親人告別的場景，以此去體驗來自內心深處的深刻情緒，去

釋放我們的傷痛，這也是一種潛意識的釋放。

我也曾參加一些邀請來臺的國外心理學大師帶領的工作坊，比如創立心理學整合靈性學的另一類美國心理學博士，他善於創造各種情境來喚起我們的潛意識，並催化我們進行情緒的緩解與釋放。

此外，深度占星學、塔羅牌等西方神秘學，也都在我的涉獵範圍。我曾跟隨胡、羅兩位老師深入學習這些方面的理論與使用方法，以解析自我。

中晚年的深度修習

中年以後，個人的成長和修行，是從獲取認知、走向身體力行、再往深度修習的轉變。當我退出商業職場時，正值臺灣生活富裕時期，相關身心靈修煉工作坊，如雨後春筍般湧現。多年間我參加了許多多元領域和體系的學習。坊間社會團體舉辦的學習課程，有少數屬學術性，有大量的非學術性。在各類的課程、工作坊中，我汲取了多元豐富的心理、心靈與修行的認知，並身體力行的修習與實踐。這期間值得一提的是，臺灣知名的心理輔導機構——張老師基金會。我參與這義務社會服務，從事了十年的義務諮詢輔導工作，以實踐去陪伴、去協助在社會各階層中受困、受挫的民眾。

在臺灣當時的學術界，大學學院派對坊間工作坊中，大量非學術性質的學習課程不認同，歸類為不具系統性、非主流學習。其後，我希望通過更系統性的學習，完善個人的成

長體系。也為了更好地完成父親對於我學業的期許。於是，我考入知名的私立大學，取得了宗教學碩士學位。

在大學校園，我有幸遇到了幾位對我影響深遠的教授們，比如畢業於比利時魯汶大學名校、來自香港的陳、黃兩位教授，他們用淵博的學識，為我打開西方神學的大門；而在中西方哲學方面，武神父、莊教授以及佛家、道家的另兩位許教授和莊教授等，他們都以言傳身教，讓我受益匪淺。這些教授不僅學問高深，更重要的是，他們能將所學應用於自身，在他們身上，我見識到真正的「知行合一」，這讓我心生感佩、感動與敬仰。

回顧過去，我的人生似乎與吃喝玩樂、逛街聊天等世俗活動無緣。大部分時間，我都沉浸在學習、修行，以及與導師、修行團體同修們的交流中。昔日有情愛關係的男性緣分，固然帶來了生命的成長體悟，但相比之下，我更加珍惜能夠引領我精神喜悅成長的良師益友，他們的啟發長存我心，未曾中斷。

一九九〇年，正值我任職的建設企業經歷政商案件風暴時，我有幸深度接觸了佛家藏密教派的大師與教法，轉動了我生命深層的修持。

當時，八十一歲的藏密黃教轉世活佛，是來自蒙古慶寧寺的老活佛，他預言臺灣的未來將會充滿挑戰，因此希望將佛法帶到這裡。老活佛與另兩位仁波切，共同帶領一批來自蒙古、印度、尼泊爾、中國藏區等地的僧侶來到臺灣地區。老活佛與仁波切通過蒙藏委員、藏文秘書，面向臺灣信徒進

行對話弘法；老活佛日常也會通過灌頂、口傳密法、開示、打卦等方式，解決信眾各自的凡塵困擾。僧團在日常認真弘法的同時，各自精進，努力念誦經典，持誦咒語。

　　仁波切負責傳講重要的經法《菩提道次第廣論》，這一部廣論，仁波切講了五年。其後，我的碩士學術論文，便以此《菩提道次第廣論》為研究命題，闡述了菩提道次第的生命教育。

　　那個時候，恰好是我命運的轉折期，我所在的公司正因為政商案件而撤離臺灣，同時我的婚姻也出現問題。我是通過一位在臺灣知名雜誌社做副社長的大學同學引見，幸運得以拜見這位老活佛，他的智慧，為我解惑，也為我的內心帶來許多安寧。老活佛曾幫著打卦，指點我度過家庭、事業難關。老活佛在離開臺灣之後，他依然通過前去蒙古謁見他的同修，傳達對我的關懷和詢問。

　　當年有段時日，我在臺灣擔任一佛學會會長一職，得以與這些來自世界屋脊的出家人有更多的接觸。他們並未被物質世界污染，內有深度智慧與博大同情心，外具沉著從容的舉止和文雅的談吐，讓長期身處臺灣商場文化中的我，深深感動，並烙印心中。

　　在佛學會多年研修，我陸續接觸到一些譬如護法降神、夢的啟示等神秘體驗；也經歷老活佛、仁波切預知因果、打卦指點、修法解難、灌頂持咒等諸多玄妙法門⋯⋯這些體驗，帶領我逐步邁入博大精妙的佛法世界，引導我逐步走向獨立、堅強、柔軟、慈悲、智慧、良善軌跡清晰的人生道路。

那些年，我以佛學會學理為基礎，以老活佛、兩位仁波切作為人生典範，行走在凡塵人間，用情用力地走過生命中困頓與挫折的歷程。那些年，得以與老活佛、兩位仁波切結下深厚的緣分，並在他們的指導下不斷修行、成長。

在老活佛九十九歲的時候，我曾經專程前往探望到北京避寒的老活佛，並獲得他的加持。得益於他平時精進的修煉，我切身感受到老活佛手上加持的能量十分強大，奇妙的為我延續了多日，莫名持續性的內心寧靜。

在我旅美期間，我亦向已轉往美國的仁波切修習，他的慈悲與智慧，同樣深深影響了我。

因為我對於佛學的濃厚興趣，以及開放而接納的心態，除了黃教之外，我亦接觸了藏密其他教派的高僧大德。我亦曾皈依於藏密白教的仁波切，紅教的法王、宗薩仁波切，花教的法王等高僧大德，並接受他們的灌頂與學習佛法。

我從宗薩仁波切的教法中深受啟發與相應觸動。二〇一七年，我向仁波切表達了想將他的教法分享給年輕華人的願望。他欣然同意我在各地推廣他的書籍和課程。他的幾本書《正見》、《人間是劇場》、《八萬四千問》、《佛教的見地與修道》和《朝聖》等等書籍都深受讀者喜愛，我也曾在臺灣開設過以宗薩仁波切的書籍為主體的社區大學課程，並獲得臺教育部認證為大學本科認可的學分課程。我以此期望讓更多人瞭解書中積極正向的人生理念。

在近三十年接觸藏密各教派仁波切與喇嘛們的歷程中，我對於他們猶如聖者般具備深奧智慧與博大同情心，深有所

感。他們以一種直接的、具有強大說服力的方式，讓我見識到，真正悟道的「佛」，就在我的眼前。他們的智慧與慈悲，如同明燈一般，照亮了我前行的道路，滋養我的生命，讓我更加堅定地走在修行的道路上。

與這些智者結善緣，我認為是一種智慧的選擇。就像我曾遇見的一位財力雄厚的施主，在生命的後期，她不再熱衷於直接捐贈給貧困者，而是通過捐獻給寺廟中修行傳道之人，其後修行傳道者再轉捐給貧困者。之所以如此，是源於她的一個深刻信念——希望來世能與這些智者相續連結。這種觀念，雖看似玄妙，卻蘊含了這位施主對生命輪迴的理解和對追尋智慧的無限嚮往。

關於身心與靈識的關係，我認為身體與心識都是有限且易毀的，唯有靈識是無限且不朽的。因此，我們應該追求身心靈的合一與對空性的領悟。這種思想不僅體現在佛家中，也在道家、西方哲學中存有。它們共同構成了人類對生命本質的深刻探索與理解。

在人生的旅途中，我們或許會帶著原生家庭與社會賦予的印記，形成一定的價值觀和行為模式。但真正的覺醒，始於內心探索的勇氣。當我接觸到佛家經典、道家老子等古聖人的著作時，我才真正感受到了亙古智慧的開啟。這些著作不僅讓我對生命有了更深刻的認識，也指引我走上了正確修行的道路。

在我中晚年從事的心理諮詢工作中，我陪伴了許多陷於煩惱的人，他們或為孩子、伴侶，或為日常瑣事，或為職

場、人際、金錢……自我感受挫折的人，總有千萬種苦惱的原由。每當這時，我都會盡心用我所學的知識和能力，陪伴他們共同去探討、去解開受困的原因，以及找到能解決問題的方法。雖然不能為他們解決所有的問題，但我希望我的陪伴和輔導，能讓他們感受到一絲真誠的溫暖和力量。受挫、受苦，本身是情感的問題，而情感問題的解決，必須要用另一種質量比較好的情感去做陪伴，這在於懂得使用心法，而這也是一項我需要時時去培養蓄積的一種內修心量，進而提升成就我日常生活中進入的「心流」狀態。

　　人生是一場修行之旅。在這個過程中，我們會遇到各種各樣的挑戰和困難，但只要我們保持一種平和的心態、堅持修行的信念、勇於面對生活的挑戰，就能走出一條屬於自己的完善道路。

第五章
從挫折到超越
——生命的整合

萬事萬物的四個層次

多年前,我曾在偶然間,喜聞一則論述,其觀點和我平日信仰的理念不謀而合——

在長期觀察生命現象的過程中,發現任何一件事都有四個層次:外、內、密、密密。

「外」是頭腦層次。一切表面現象和一般邏輯都屬於這個範圍,例如:耕種才有收穫、努力才能成功、良藥可治病、毒藥則傷身等。

「內」是能量層次。借著能量的調整,使外在現象符合人的目的和要求。中國傳統的山、醫、命、相、卜,都在解析這能量的體系。

「密」是信念層次,是蘊蓄能量背後的信念。在西方社會科學,佛洛伊德「性」的關聯、榮格「夢」的解析,以至天使的聲音、菩薩的語言等,這些蘊含深意的啟示足以令人看清內在的傷痛,而明白此一齣自導自演的戲碼是如何的自我成形。

「密密」層次,是宇宙的奧秘、上帝的恩典、靈性的境界。透過這個層次,世間一切的奇蹟得以發生,一切的難題得以解決,一切的操縱置之無用。在這個「密密」層次上,讓人深刻地領悟到——「原來自己是上天的孩子,一切的罪早經洗滌、一切的苦乃是夢幻、西方淨土即在眼前、遙遠天國原在當下。」

　　世間現象複雜,未必說得清楚,觀察當代社會人與人之間,經常有不協調言論、衝突產生。檢視此情況在於個人不同層次上的表達,有人在頭腦層次講話,有人在能量層次發言,有人在信念層次上立論,有人在恩典層次體悟。而這四個層次的言論相互的爭論、堅持立場及誤解,使得在這個能量不安的時代,又因為思緒的混淆,更加深了心理負荷的深度。

生命的反省與思考

　　我曾經深感疑惑不解的生命現象,就如同生命第一個層次「外」境中一再強調的人為努力:自幼順從乖巧,卻難獲父母的溫愛。用心工作,卻難敵企業、主事者運勢的起落。相夫教子,卻依然陷入婚姻困境。

　　困頓中,我努力尋求「內」層次的理解與調整,曾一如散財童子五十三參般,大量探訪各方高人、異人,將術語視為天之代言。卻也在多年後理解到,即便各方高人也難解生命箇中全貌,也難確切調理生命的外境。再者,其解也依舊

屬於現象層次。

隨著我對於生命內在探索的深入，一步步參透佛理（菩薩的語言）、西方義理（天使的聲音），於是我終於豁然開朗了悟：「原來深藏內在的信念、內在的境界投射至外，即形成了我們外在的生活境遇與命運」。「萬法唯心造」、「你給生命的就是生命給你的」。在恍然大悟、頓悟中，我終於看清了真相，終於尋獲了癥結，也終於明白自己今生的課題，隨之轉念且轉化——而這屬於「密」的層次。

中晚年以來，冥冥中似有一股無形、神秘的力量牽引著我漸往「密密」的層次，向著恩典的境界體悟。

在中年體悟後，我毅然放棄高薪，離開商業環境，進入各種心理、成長的工作坊。又延請在臺名校心研所研究生家教，協助進修國外網路教學心理學學位。之後，我進入大學心理研究所進修，接續再進入屬於中西方哲學、宗教學的研究所進修以獲取正式碩士學位。以此不斷建構著在未來歲月從事心理諮詢輔導及哲學、宗教教育工作的知識體系。期許將自身多年成長的經驗及自我探索的體驗，分享給如我一般遭遇困頓之人，並能陪伴他人一起成長。

進而，我衷心渴求能更深入真理，期盼在生命現象的世界裡，能與哲學、宗教、靈性科學世界接軌。同時，在「形而上」的奧秘境界裡，則企望和先聖先賢及聖靈們相應與合一。在我例行的靈修裡，時時深切向聖靈們許以願景，願能在往後歲月裡，弘揚哲學、宗教精神與真理境界。

特引述方東美先生演講集內「生生哲學」藍圖的兩段文

字，作為對自己的深深期勉──

> 真正宗教情緒豐富的、宗教意志堅強的、宗教理性博大的人，總要設法把這個宇宙的精神主宰，拿他精神上面無限的創造力量貫注到整個的人世間來，來支配一切，決定一切，影響一切，輔助一切，使這個宇宙萬類、萬有都從平凡的自然界提升到神聖的境界裡面去，變作神聖世界裡面的構成分。
>
> 宇宙在最高境界裡面有一個精神力量，拿那個精神力量去貫注在宇宙每一角落裡面的人、物、萬有。這樣，宇宙每一個角落裡面的人、物、萬有都貫注有神聖力量在裡面，這個世界才可以提升，人類的生命加之才可以增進，人類的願望才可以滿足。

內在自我探索

「情不重不生娑婆」,今世身為女人,從「情」字開啟悟道,情是這一生我註定要翻越的課題。我所學會和應用的情感互動模式,一切都從與父母的緣分而來,如同種子破土,抽枝散葉,最終蔓延成貫穿生命的脈絡。

(一) 疏離的父母緣

自有記憶以來,或追溯到嬰兒期,我與母親之間存在著情感的嫉妒問題。母親甫一出生便過繼給姨媽撫養,第一次婚姻又遭遇強烈的情感創痛(丈夫過世、兒女被迫離身),第二次婚姻面對的又是成長環境和情感模式南轅北轍的丈夫——親情的缺位和愛情的錯位,塑造了母親強勢又缺乏安全感的性格。我的父親離開親生骨肉來到臺灣,在斷崖式親情缺失後,擁有了生平第一個女兒,於是極盡寵愛,卻不曾想,這成為妻子對女兒嫉妒的誘因。我應是嗅到了來自母親那令人窒息的壓力,在幼年期便刻意選擇主動疏離父親,只因需要母親的養育以求安穩生活。

這一生,母親與我的緣分——「只負責餵養我,卻從不為我擦乾眼淚。」至於父親,則是我這一生「近在眼前卻難以親近的遙遠夢想」。無法獲得來自父母的情緒照顧或滋養的親密接近,而生命內在又十分渴望親密情感的互動,於是,我轉而期待在情愛關係中,獲得撫慰。

(二)兩性的感情緣

成年後,以為脫離家庭的束縛,可以遇見理想的愛人、建立屬於自己理想的家、經營一段理想的和諧親密關係。

在戀愛時,我是個甜蜜的情人,懂得討人歡心,也樂於慷慨付出。但童年時與母親之間那些未解的情感糾葛——她的嫉妒,像一道無形的牆,隔開了我與外界最真實的連結。久而久之,內心便形成了一處空洞,一個難填滿的坑洞。

當情愛關係走向更深的依賴,甚至步入婚姻,一種潛藏的不安全感便悄然浮現。伴侶不再只是伴侶,而成為我生命中不可或缺的一部分,或者成為我實現理想境地的重要載體。母親當年投射在我身上的陰影,我如今又投向了情愛關係。

其中微妙的是,童年與母親的情感占有和嫉妒的能量,產生的吸引力磁場,在感情裡一次次重現——隱隱約約的三角關係,若有似無的痛心感。

後來,在人生有了足夠的歷練領悟之後,終得超越兩性關係的迷障,不再需要藉由誰來填補自己,也不再被舊日的陰影束縛,達成了內心的不再匱乏。於是,我終於完成了這場漫長的、關於情愛的自我超越。

(三)工作的上司緣

在原生家庭、兩性關係中失去了重要的親密依存,社會生存裡便習慣於倚賴某個男性權威。將事業當作自己的生活重心,用以填補內心某處空缺的依存。因此,帶著處事的能耐、本性的內斂、做事井井有條、對長官的要求作完整的規

劃與執行、人際處事的圓融、誠摯盡心盡力的付出，為老闆解決和處理諸多問題。如此多年，深得老闆的信賴和倚重。

然而，生命卻不應允我長期如此——當我一旦將生命的本身寄託在外，視老闆為父親、為能依靠的權威時，現實便開始一次次敲打我，讓這些依靠被始料未及的事件一一摧毀。

（四）溢滿的親子緣

傳承母親對我衣食起居的照料，在我獨自照顧孩子長大的歷程中，也是盡我所能給予孩子生活上細心與體貼的看護。同時，在情感連接上開闢了和原生家庭不同的路徑：在生活上既要給予無微不至的關懷，在思想上，又要避免過於權威束縛的教導。在保守與開明之間，我努力尋找著平衡點，讓責任與自由得以共存。我守護孩子的原則，保守中不失開明、開明中不忘責任。於是，我耐心的將孩子帶大，並與孩子建立了深度的情感連結。

雖然在孩子的童年、少年時期，作為職業女性，我無法像傳統母親那樣，給予他全天候的守候。但我依然能扮演著如同孩子手中的仙女棒一般的角色，總能在他最需要的時刻綻放光芒——或是解決難題、或是點燃靈感、或是創造歡樂。那些零散卻高質量的相處時光，最終編織成堅韌的親情紐帶。如今，獨子已成家立業，建立起自己的小家庭，而我與這新建立的家庭，擁有著穩定良好的親情互動關係。

我時時心存感恩，感謝這麼一個貼心的生命來到我的世界，圓滿了我的母性，也撫慰了我的心靈。

深度自我探索──以個人的角度心理分析

(一)借助佛洛伊德精神分析法,詮釋我的人格結構

佛洛伊德認為「人有自己所不自覺的內在衝突」。人有本我、自我、超我三個人格結構。這三種力量是衝突的,是從兒童時期的經驗而來,它們彼此的對抗是個體所不自覺的。

本我──在潛意識中得自於遺傳、與生俱來的,是行為動力之源、內在的主觀經驗。**超我**──也存在潛意識之中,是內化的規則、父母的告誡、社會規則的代表。**自我**──則是運用現實性的思考控制本我的行為,作為本我和超我之間衝突的協調者,在自我部分對本我作修正,以期能做出適當的反應。

1 屬於我的本我部分

本質上我是個敏感、內斂的自我要求者,要求完美、要求秩序,偏重在生活上的秩序。重視家庭、重視深的情感連結,也重視學習成長。此外,在生活的規劃上、執行力和思想的邏輯性上,都具有不錯的能力,做事井井有條,樂於為人服務,善於表達,也期望獲得肯定。

2 屬於我的超我部分

敏感而內斂的孩子總希望得到深的情感連結。於是我的心靈能量更側重於情感的表達、情感的接納,包括在家庭、

情愛、工作三個領域。

在嬰幼兒時期，我與母親的情感互動遭遇了最初的挫折，這種早期經驗使我形成了「情感歸屬不可靠」的核心信念。由於孩童時期的脆弱和無助，我發展出情感疏離的防禦機制——即使內心有強烈的情感，也不敢讓自己完全投入。而是刻意讓情感麻痺，寧願疏離，也不讓激情影響自己。或是在親密關係難以為繼時，選擇斷然放下。

與此同時，與父親的疏離，又成為了另一個心結，壓抑到潛意識而形成空洞。父親所代表的具體形象，是一種應對外部世界和社會規則的能力。當我未能與父親建立更有效的情感連接時，形成了對生存和生活權力的迷惘。而當我主動選擇疏離父親時，又自然將心靈能量投射到其他男性身上，尋找權力、尋找依靠。同時，因為父母嚴肅而權威的教育態度，他們對我內在需求的長期否定，使我內化了一個嚴格的超我結構。在生命中沒有強烈的動力追求自己想要的，也從不為自己的理想加油，卻是將力量投注在父母或社會要求的規範裡。即使認真工作，也並不是在建構自己真正想要的願景。

3　屬於我的自我部分

雖然與父母的情感有距離，但父母在日常家庭教育上，給予了實際、嚴厲的規範和要求。我以順從的接收態度，形成了日後待人處事上的面面俱到和穩重，這成為了我成年後工作中處世的才能之一。但也因為來自母親強大的壓力、屢

次否定我個人價值的態度,以及父親疏離的情感關係,讓我經常性地情緒低落,也無意識地陷入對自己錯誤的評價,總是深覺自己「不如人」,而不時獨自消沉、暗自飲泣。一旦遇到兩性情感挫折時,就會跳到情緒淚水的海洋中游弋,讓自己更趨消沉,久而久之,成為一種習性。後來,此部分在哲學、宗教、藝術、靈性中得到了慰藉和陪伴,在靈修與轉化中尋找到了出口。

　　小時候遠遠望著父親,覺得他斯文有禮。與強勢母親的互動中父親顯得無奈,使得我幼小的心靈常常覺得父親受了許多委屈。於是,「拯救父親」成為我潛意識中一種遙遠而真實的理想,進而塑造了我在成年後,經常樂於扶助遭遇困境失意的男性。這在心境上屬於期盼一個高遠精神世界的理想。

　　父親在世俗的評判標準中並非完美、成功,我也並不會努力用心地去追求這種世俗標準。而是順著潛意識選擇伴侶作為實現理想的替代途徑,在重視的情愛生活中投注了所有的理想。情愛在開始時是浪漫虛幻、朦朧不清的,但當真正的生活吹散了迷霧,理想與現實落差往往令人沮喪。

　　在我的自我認同部分,嚮往無私的奉獻。這讓我特別容易在情愛關係中模糊界線,在付出的同時,也期待同等的無私回報。然而現實卻是,我們相遇的多數人,大都偏向以自我為中心,更多地保護自己而非無私付出。儘管我依潛意識去選擇一個能代替我實現理想的伴侶,並努力扶助他們完成理想,然而,當對方無法滿足這種投射性期待,甚至表現出抗拒時,便令我陷入深深的失望中。

自身經歷的這些情感苦痛與掙扎,雖讓我倍感氣餒,卻也讓我更為同情在這世間的受苦之人。當歷經了這許多令人氣餒的人與情感後,我終於領悟到——「只有將情愛放在理想的世界,或運用理想作為一個動力能讓世界成為人間淨土,這才是實際上我可為的真正理想,而非將理想寄託在一個理想者身上。」我努力成為一個社會工作者,無私奉獻的無我。為他人服務的我也是一種自我,是願意照顧受苦之人的我——這般的自我認同,能產生強大的力量。我不再是軟弱無界線的,而是一個能同理他人痛苦的社會工作者,是真正「站在自己的腳跟之上」的實現自我。

(二)借著榮格分析心理學,詮釋我的人格結構

榮格心理學的終極目標——整合意識與潛意識的衝突,實現人格完整。

1　我的個人潛意識

個人潛意識是個人經驗有關的部分,不為個人所察覺,是經過壓抑或遺忘的歷程。

當我未完成意識與潛意識的整合時,我的個人意識層面,是來自父母嚴厲的家庭傳統規範教育,因此,我的自我意識要求高,是追求人性的光明。然而,我的潛意識裡卻不願意接納,甚至厭惡人性中的黑暗面。我在情感關係中的自我意識處在「拯救行善」的運行模式,而我的潛意識陰暗面則是呈現「有條件的拯救,而不是無條件的愛」。於是,這

種潛意識投射到我的外境,便是我在情感生活中遇到許多挑戰我潛意識裡的「不接納、不願意」,所引起我不悅情緒的人、事、物出現。

在情感經歷中,我所召喚來的兩性伴侶,他們在外在世界的失意,他們的意識層面是「接受溫暖的幫助」。而他們的潛意識則體現為「內在的匱乏,無法讓愛流轉」。我總是無法讓自己付出的拯救獲得好回應,「有條件的」潛意識總是被挑戰,導致關係終至無法延續。直到我理解、領悟之後,我懂得了應該學會接納人可以不是那麼文明或美好、人不是一定都得守著傳統規範。人的內在需要整合超越二元對立,走向「心物合一」,需要全面接納人性中的光明面和黑暗面。外「行善」而內能「接納、包容惡」,既能連結高傲天空飛鷹的自我,也能連結地面如癩蛤蟆的陰影。否則被壓抑到潛意識的不接納、厭惡的心理能量不會消失,反而會成為一種無法控制的反作用力,以黑暗面相呈現於外,無法走過二元對立,走向真正的心物合一。當內外整合了自我的意識與潛意識,具創造性的外在世界便能呈現對立面的超越。當我們面向光明也接納陰影時,我們就能站在三維之外的更高維度,活出心想事成,個人的「神聖合一」。

2 我的人格面具

人格面具是個人自我和社會的介面。我面對外在世界的態度,通常會選擇用比較直接、明白的方式將事情表達清楚、將自我呈現出來。我認為用這種態度面對世界是比較好

的方式,我是屬於比較外傾的人格,這是我的人格面具。

我天然擁有懂得如何與他人互動而能輕鬆維持和諧關係的能力。因為母親的強勢性格,造就我比較順從的應對姿態,使我總有辦法妥善地適應情緒不穩定者和權威者。也因為母親平日情緒變幻莫測,鍛鍊了我對於別人情緒細微變化的高敏感度,練就了我善於與他人相處的能力。

此外,對於客觀事物,我有較強的分辨能力、分析和邏輯推理的能力。

3　我的陰影

陰影會投射到外界社會或他人身上。我也因為受到父母嚴厲的教養,要求嚴格遵循社會規範,被壓抑下來的陰影特別容易轉移到社會允許的層面。

當我有許多未被滿足的欲望和憤怒時,就會投射到男性身上。因著我內在的潛意識陰影呈現,在兩性關係上被吸引而來的男性,通常會呈現出扭曲的欲望和憤怒,外化成為一種過度追求欲望而迷失或脾氣不佳的樣貌。而如今經過了認知上的探索和學習後,明白了當我的原始能量不能正面呈現或不正確處理時,它會成為負面能量而投射於外。欲望、憤怒的正面表達,應該要用理性認同去處理轉化,因此,我需要回到自己身上,去追求自己的理想,進行自我實現。

4　我的阿尼瑪、阿尼慕斯

就女性而言,阿尼瑪是女人的女性認同、阿尼慕斯是女

人的男性認同。阿尼瑪、阿尼慕斯是相反的兩面。阿尼瑪是情感，代表女性的感性；阿尼慕斯是觀念，代表男性的理性。

　　過去的歲月，我在阿尼瑪方面，比如人際、情感的感性與交流等方面，發展得比較好。然而我的阿尼慕斯並未得到較好的發展──我的內在真正嚮往的是高遠的精神世界，而過去現實層面的我，覺得此理想過於高遠難以實現，因此並不允許自己追求與實現。因為遠離父親，核心認同形成「坑洞」，覺得實現理想太過遙遠。雖渴望擁有理想，自身卻沒有真正去追求。在中年以前，我僅選擇認同智慧的長者，如仁波切、喇嘛們這樣智慧的男性，僅追隨和依靠他們的指引，自己並沒有認真去發展知性。中年以後，陰陽反轉，努力希望自己真正去從事理性、知性的研究探索工作，去融合自我意識與潛意識的心靈，以擴大人格的多元性。

5　能量守恆原則

　　我有很強烈的希望關愛他人的能量，過去一直努力付出關愛，對孩子、對兩性伴侶、對周邊他人。

　　作為一個在童年與父母疏離、缺乏被關愛的孩子，長大後往往無力承受他人的關愛，對我而言，那是一種匱乏與不熟悉的經驗。依照能量守恆原則，我需要學會自然地接受他人的關愛。過去我的心理能量都用在與自己生活相關親近的人身上，而今我從事心理諮詢輔導工作，更多地接觸平日與我生活無關的人，這也是一種能量的守恆。

6　能量平衡原則

　　中年以前,因為要在社會立足,而努力做一些符合社會準則的事情。過去更多為別人活著,現在要為真正有價值的自己而活。

　　中年危機以後,想做徹底、全面性的轉變,轉而專注於研究世間高等認知或崇高的信仰,去顛覆過去世俗的價值,去追尋心靈走向的路、修行者的解脫道路。

第六章
行者路上之分享

　　生命是有限的,知識是無限的。亙古歲月是無限的,個人的生存精力卻是有限的。在我生命過往的歲月裡,我選擇將自己絕大部分的精力、心力,運行在體驗生命的經歷中,及涉獵古聖人啟發智慧的探索上,以實踐自我的知行合一。

　　我撰寫本章「行者路上之分享」之際,明白自己在過往的學習中,並未揀擇鍛鍊思辨的文字功力,僅止於將生命智慧內化於心中、在生活中應符。接下來的內文,有部分是借助往日留存在筆記本上、擷取來自各處、我所認同的創見佳作。願借悟性之光,攜善意與共創的智慧,同有緣讀者分享。

二元對立是走向合一的起點

　　所謂「二元對立」,是一個存在於哲學、語言、文化、宗教中的概念。它指的是將世界或某一現象劃分為兩個相互對立、相互排斥但又相互依存的極端,是應對於生命中所謂的「相對真理」。這種劃分方式強調了兩個部分之間的界限和差異,而忽視了它們之間的內在聯繫和相互轉化。

　　在二元對立的觀念中,事物被簡單地分為「非此即彼」的兩個極端,例如:好與壞、對與錯、白與黑、善與惡、陽

與陰、生與死等。這種劃分方式往往將複雜的事物和現象簡單化，而忽略了其中的多樣性和超越狀態。

依我個人的成長經歷而言，二元對立是我曾經生命與生活中的常態。

都是二婚的父親和母親，彼此的生活與文化天壤之別，且各自有不同的人生經歷，南轅北轍的兩個人，因緣聚合在一起，二元性的狀態不止存在於他們之間，也深深烙印在我的生命深處。

就學期間，我先天傾向於右腦特長的藝術與創造天賦，卻二元性地處於以左腦為主導、大量以嚴謹邏輯理論為主的傳統教育體系中。

在職場，我本質上是追求高遠的人文精神境界，卻投身於建設、金融這一類需遵行「叢林競爭法則」的企業裡，這是兩種迥異風格的面向。

在所歷經的情感婚姻生活中，我的女性、軟弱、安靜的能量場與親密伴侶的陽剛、情緒、憤怒的能量場；我的拯救、扶助並渴望獲得回應，與親密伴侶享有被扶助而難以回饋，並希望樹立夫權威嚴，同樣在二元對立的漩渦中掙扎。

前半生生活在臺灣，我面對臺灣政治生態的藍綠對抗，一樣是二元對立的典型。之後來到大陸，依然面臨兩岸同根血脈之間，因為一小撮現任臺灣政客的私欲，導致不和諧的對立現狀。

在修行的道路上，我所深度修習的藏密教派也曾有教義派別正當性之爭議，當年同樣存在著二元對立。

在我過去從事的講座、工作坊、社會扶助性工作,為需要幫扶的人提供心理諮詢與指導工作過程中,我以一種較為感性、藝術與創造性的方式,來面對在大陸上理性、嚴肅、競爭文化環境中成長的年輕人,當為他們傳遞生命知識,緩解心理、內在問題時,同樣面臨一種文化取向的二元性。

綜合以上所有現象的根源,都來自於「超越性功能缺失下的意識與潛意識拮抗」。

所有生命啟蒙的道路,都只是一條從對立面走向合一的路。

越過二元,才能走向豐富

當我們深陷於二元對立的漩渦之中時,內心往往被分裂的張力所撕扯。它如同晝夜交替,光明與陰影並存,讓我在追求與抗拒之間徘徊,深刻體驗到苦惱與不懈的挑戰。正是這些看似對立的元素,在相互碰撞與融合的過程中,孕育了成長的契機與生命深度的拓展。

我的求學之路,深受左腦主導的傳統教育體系影響。這種強調邏輯與理性的教學模式,給我帶來了諸多課業困擾和挑戰,也是我早年學業表現不佳的重要原因。現在想來,如果當時專門接受更適合右腦思維的藝術教育,或許我的天賦會獲得更好的發展,成為自由綻放的單純藝術者。不過這種「單純」,也可以理解為相對的單一性。

正是我經歷了這種個人特質與教育環境的二元對立,使

得我在敏銳的、藝術的感性之外，掌握了理性的思考工具。使我的內在世界得以構建出既感性又理性的雙重維度，生命因此變得更加立體而豐盛。這種融合，讓我既能以藝術特質的敏銳捕捉生活的美好，又能以學者的嚴謹審視世界的本質。如同我的博士論文研究，便是以統計科研的設計，探討藝術媒材在心理諮詢中的效能應用。

我與親密伴侶之間存在的二元對立，是我軟弱安靜的能量，與伴侶陽剛、怒氣能量的對立。雖然在當年給我帶來了持續的痛苦、徬徨與挫敗感，但在這種對立中，亦讓我習得或理解了男性生命中陽性能量展現的剛毅與力量。在我其後的歲月裡，將男性的堅強、力量與女性的柔和整合在生命中，使得我的生命狀態更為豐富與完整。

正如此刻，我之所以有勇氣撰寫這本書，展示我所體悟的生活面向、修行經驗，以及存在的絕對真理。其實這也是為克服我生命中原有的軟弱，想以更陽剛與勇敢的力量，來呈顯我久存於心中的願力與價值。與此同時，我需要面對一些可能遭遇的非議與斷章取義的誤解等。（若果真如此，將無可避免地讓這些非議者產生些不良的能量，雖然這是我十分不樂見的情況。然而於此我想提及的生命真相是，你我每個人腦中意念的想法，以及口中說出的每一句話，都必將會影響自己的世界。）

經歷並坦然面對二元對立，讓我們的內在生命之樹更加根深葉茂，日後必能綻放出合一的光彩。

走過對立,才能走向圓融

我們可以這樣理解,宇宙間二元對立無處不在,它就是事物的一體兩面。

宇宙本就是萬物相生相剋、陰陽調和,正如白晝與黑夜的更迭。所有看似對立的事物實則互為依存,共同構成世界的完整面貌。

當我們單向地、極端地追求人性的光明,而潛意識裡是不願意接納甚至厭惡人性中的黑暗面。這種潛藏的二元對立思維,會不斷地在外在境遇中顯現——那些被我們內在能量所吸引而來的種種人生挑戰。那些因內心抗拒而引發不快的人事境況,恰恰是生命賦予我們最重要的修行課題。

我們應該不斷地自我覺察,明白越是抗拒,越會捲起新一輪的負面業力。這沒有修好的生命課業,將使得我們持續遭遇同樣的挑戰。每一次的牴觸與不悅,都是內心未解之結的外部映射。這提醒了我們:唯有正視並接納自己生命中本就存在的不完美,才能真正走向內心的平和與自由。從粗糙的對立意識,提升走往精緻合一的意識。

這一過程,是靈魂深處的一場深刻轉化。它要求我們超越二元對立的狹隘視野,學會以更加寬廣和包容的心態去擁抱生命的全部。不再只是單純地選擇光明而摒棄黑暗,而是在認識到兩者共存的基礎上,達到一種超越性的理解和接納。這種接納,不是對負面情緒的縱容,而是一種深刻的自我認知與和解。是在認識到人性複雜性的同時,依然能夠保

持愛與仁慈的能力。唯有這樣，才能超越二元對立，生命的能量才能更好地循環與圓融。

　　一路行來，我遇到過不少的修行者。他們專修某一種法門，很勤勉，十分精進，但卻是很容易就陷入執念與僵化中。讓生命某部分停留在一種難以覺察的混沌之境（如對他人的道德批判，和對自己嚴格的自我壓迫），或是難以解決自己內在的心理癥結。許多的修行者面對這現象處境，常會發現自己已然身陷在泥沼中，單靠靈修難以突破困境。許多修道者也曾經質疑，虔誠地臣服在宗教信仰裡，到底是靈性的追求，還是借著靈性避開或壓抑自我的內在問題？以靈性的觀念掩飾逃避的防衛，這就是超個人心理學所謂的「靈性逃避」。

　　當人們長期壓抑負面情緒時，這些被禁錮的能量並不會消失，反而會在潛意識中不斷發酵，最終以更具破壞性的方式爆發出來。這就像試圖按住水中的皮球，壓得越深，反彈的力量就越猛烈。例如：憤怒會以嘲諷、冷漠、疏離的方式呈現；壓抑過往活在當下，往往過往並沒有真正地過去，而是在未完成的心中持續著；將一切重心放在別人身上獻身服務而否定自己的需要時，是十分容易產生怨懟和耗竭的。

　　面對二元，我走過的修行經驗，一方面，我廣泛涉獵西方先賢的智慧，借用心理學、西方哲學、身心靈的智慧，不斷剖析自己的內在，理解潛意識中示意傷痛的來源，藉以消融內在的冰封。同時另一方面，我涉獵東方的儒釋道義理，探究絕對真理，以此為日常行事的參照點，且更深度修習佛

法,通過持戒、持咒、參禪、觀想等實踐行為,加持提升內在穩定的能量。由此,我見到成長之路的一體兩面,讓小我與大我、自力與他力,二者在我的生命中趨向整合,走向古今智者們追尋的一種圓融無礙的狀態。

在達成接納之後,我們需要與對立面或陰暗面達成和解。這種和解不僅僅是心中對外在人事物的接納與寬恕,更是內心深處的一場轉化。我在了悟之後,曾很清晰且慎重地在內心與父母達成和解。我深刻認知並接受生命的緣起,我之所以降生在這個家庭,是我前世與父母之因、與隨伴業力帶來的今世之果。他們的生命狀態是我的成長背景,我無法改變他們的生命,我需要全然地接納這份,在不可知的過去世中,我曾自導自演的「原始劇本」。同時,我需要心存感恩,因為我的生命源自他們而來。他們能給予我的,是他們的恩賜,他們不能給予我的,是需要通過我自己的修煉、領悟與實踐而獲得圓融。以此推之,接納我們所不能改變的,修持我們所能改變的。學會和解,意味著我們不再將過去的傷痛作為前行的負擔,而是將其轉化為滋養心靈的養分,這也是佛家所謂的「逆增上緣」。父母乃至親密伴侶的緣分相遇,所有人、事、物的挑戰,其真相都是為著成就我們生命中的完善而來。

奠基宏大,才能走向高遠

無惡何以感知善,無壞何以感受好,世事大都面臨二元

性。當每一次經歷二元性的對立,當每一次從二元中走向整合,都是對自我邊界的拓展。是對生命能量的錘煉和昇華,讓我們獲得更多元的能量,更宏大的生命力。正因為我們瞭解事物的一體兩面,我們通過瞭解、接納、臣服、包容,最後走向合一。在此意義上而言,我們所經歷的每一次二元對立,皆是生命的禮物。我們從每一次的二元對立中尋找價值,將其視為生命成長的催化劑。

我們學會以圓融的心態去接納、臣服生命的全部。我們的內在之眼才能更加深邃,去洞察世間萬物的本質。我們開始以更加開放和包容的心態去審視這個世界,不再單純地以非黑即白的邏輯去評判一切。我們終會發現,原來那些看似對立的元素,實則相輔相成,喜悅與悲傷,如同日升月落,自然交替。

我們不再逃避那些不願面對的陰影和深埋的潛意識,而是要勇敢地走近它們,與之和解。我們認識到,這些陰影都藏著一片未被發現的寶藏。當我們所處在的光明面與黑暗面整合後,那是我們最真實、最強大的自我。當我們敢於面對處境的不完美,整合兩者,我們的生命能量將變得更為宏大。那份由內而外的力量就會如泉水般湧現,支持我們在成長的道路上,越走越深刻、深遠與完整。

我所走過的修行三重境界

所謂修行，其實是心靈的跋山涉水。每個人都會有自己獨特的感受與體悟，同時也有大致相同、大體相通的階段與狀態。

宋代禪宗大師青原惟信曾提出參禪的三重境界：參禪之初，看山是山，看水是水；禪有悟時，看山不是山，看水不是水；禪中徹悟，看山還是山，看水還是水。

參禪如是，修行亦當如是。世間如我這般，經歷人生諸般因果，進而努力探索生命內在。不只於參禪，而是經由心理、哲學、宗教、身心靈等多元途徑，試圖勘破生命迷霧蹣跚前行的行者。我們都有必要去理解修行的這三重境界，這有助於我們更清晰地錨定自己當前的修行階段。以此作為參考，明確自己走在正確的道路上，並內省自身，把握方向，繼續前行。

修行的第一重境界：「看山是山，看水是水」

這一境界的顯著特徵是，個體往往停留於假我，是處於外在肉身主導的小我層面。對「真我」（即大我、無我）缺乏認知，熱衷於具體的生活情境，執著於小我而不自知。

在此境界的人，尚不理解覺醒狀態，依然生活在一種虛幻的狀態，而不是本智自性的我在活著。對自己的不知道、不明白處於渾然不覺的狀態，被困在這世間的山水中而不自知。生活總是遭遇創傷，經歷重重磨難，最終陷入無盡的煩

惱、恐懼或麻木之中。在意識層面，常將這一切歸咎於外界的不公或命運的不公、運氣的不佳。

　　以我個人的生命歷程而言，在我三十五歲之前的前半生，就處在這第一重境界。

　　自呱呱墜地，在原生家庭中成長，我與母親的「逆增上緣」，父母對我的規範教育，父權社會的權威教育，給予了我諸多限制性信念。以及服從於各種規範和父親期許的強大小我，如此這般的小我是家庭期待的「我」，是社會需要的「我」，唯獨不是真正的「我」。

　　在成長與生活的漫長跋涉中，我逐漸發覺父母殷切的期盼、師長諄諄的教誨、書本描繪的理想圖景，與現實世界的運行法則之間，橫亙著深深的鴻溝。儘管我竭盡全力去理解、去適應，卻始終參不透其中真諦——生命何以如此？真相究竟何在？日復一日的迷惘與挫敗，如同沉重的霧靄，籠罩著我的前行之路。

　　當我處在這樣的第一重境界中，很多時候都被外界的期待、內心的欲望、憤怒、非黑即白的是非判斷或智慧的匱乏所驅使。當欲望不能實現則痛苦，當欲望獲得滿足則空洞，之後又生出無盡的新的欲望。扶助伴侶的同時對伴侶有期待，伴侶不能回饋我的期待時，內心充滿委屈和憤怒。處在崇尚光明與排斥黑暗的二元對立中……。那個時期的我，被情緒的奴隸捆綁，在世間小我欲望的起伏間掙扎。在是非判斷中迷失……難以找到內心的寧靜、難以獲得身心的自由，深陷於無盡的煩惱之中。於是，我開始在命理學方面尋找人

生的解答。涉獵過星相、手面相、八字、紫微斗數等傳統命理書籍，接觸命理家、通靈及特異人士。其後發現，這些學問也並不是生命內在的終極答案。

經歷過多次情愛關係的挫折、職業道路的逆境後，我開始質疑眼前所見的「山水」，可能都不是生命的真相。內在探索動力的加深，那尋訪真理的動能便與日俱增。我參加坊間各類成長課程團體，結緣天主教、道教、佛教之道場和教友，接觸藏族深奧的佛理，親近高僧大德。我也廣泛涉獵東、西方義理書籍，西方新時代 New Age 領域、深度占星學、西方心理學、東方哲理、易經、老子道德經、佛經等等。

隨著理論和實踐修行的深入，我逐漸明白，長久以來支配自己的，並非真正的自我。發現曾經如此努力認真的我，原來是生活在某種虛幻裡，這訝異的發現讓我無數次痛哭失聲。當意識層面的固著成見開始鬆動時，另一個更為真實、更為深刻的意識我開始浮現——即是長期被遮蔽的自性真我、靈性意識的覺知、本心與良知。我開始從原本的「看山是山，看水是水」的狀態中蛻變，逐漸邁向自性，逐漸趨近本心真我。

修行的第二重境界：「看山不是山，看水不是水」

當修行者的自性真我、良知開始逐漸清明起來時，便是踏入了修行的第二重境界——「看山不是山，看水不是水」。在這一階段，修行者清晰地認知到自己的不知道、不明白，渴望穿透表象，探尋這「山水」背後的真相與規律。

行者們開始懷疑一切、否定一切,努力破除一切幻象,試圖觸及那更為本質的存在。

處在這重境界的修行者,依然在苦悶中有許多掙扎。他們打開了一扇窺見內在的窗戶,看到一個不同於外在世界的真相。知道「山不是山、水不是水」,有離一切相的願望和執念。但因為長期以來,整體生命習慣於小我的支配。在大我、真我逐漸清明,開始嘗試使用大我、真我掌控生命的時候,會產生離開於習慣性小我模式的不安全感和恐懼。大我、真我與小我爭奪主宰權的對抗會時不時出現。修行者經常會感受到混亂不得要領,甚至對真我有所懷疑。這一時期的許多修行者,常陷入一種越修越迷惑、越修越不順的困境。知道眼前諸般皆非真相,自己也不是真正的自己,卻依然看不到真相、找不到真正的自我,有時甚至對自己的修行之路產生懷疑。

在持續的修持下,契機必然到來。即便是越修越苦惱、越修越挫折,但是行者的真我卻將逐漸開始覺醒。這一內在混亂的過程,是修行的必經之路。

在我個人的修行經歷中,大約在三十五歲之後,我的生命進入了這第二重境界。

那個時期,我依然在情愛、婚姻、職場的世間道路上,蹣跚前行。然而,較年輕當時,在佛性種子的啟動牽引下,我展開了尋訪世間多面向的真理足跡。我逐漸接觸修行的種種法門,努力以修行之本心,審視當下的情愛關係、工作職場。

一九九〇年前後，我任職的公司遭遇重大政商案件，導致我的職業生涯面臨重大改變。幾乎同一時期，我結束疏離不和諧的婚姻關係，生活境遇也出現重大變故。在面臨這些外在境遇的關鍵選擇時，我基本能夠透過內在佛性的智慧，以一種更宏大格局的行事準則，做出對自己更忠誠、對別人更慈悲的選擇。然而，不可避免的是，外境的變故，依然衝擊我內在修習而來的穩定。小我模式攜帶著恐懼、不安、退縮、擔憂、迷惑等情緒，不斷衝擊、試圖扼制我的自性真我。內心世界小我、大我支配權的爭奪，不時地上演著。面對外境的疑惑，以及難以放下的執念，越積越多，人也越活越難以安定，越難以透徹了悟生命。我不時地感受到混亂，甚至對真我、對修行之路有所質疑。我依然不解生命的真相，我依然找不到真正的自我。

　　三十五歲時，在我歷經這職場、婚姻重大變故時，恰逢佛性善業顯現。當年我結緣藏密格魯派八十一歲老活佛和六十二歲仁波切，以及從蒙古、中國藏區、印度、尼泊爾等不同地方聚集來臺的僧團成員。他們沉著從容的舉止、文雅的談吐，令我這長期身處臺灣商場的迷途者，深度感動、烙印於心。這些來自世界屋脊的出家人，內在擁有深度的智慧和博大的同情心，我與他們結緣持續了十四、五年之久，直至他們或圓寂、或離開臺灣。那些年，我以佛學會的學理為基礎，以老活佛、仁波切、喇嘛們的為人作典範，行走人生。我陸陸續續體驗過護法降神、夢的啟示、仁波切的預知能力、打卦指點、修法解難、灌頂持咒等這許多玄妙的神秘經

驗，用情、用力地走過一段段生命中困頓與挫折。這些體驗也逐步帶領我邁入一個個博大精妙的領悟與明理間，也指引我逐步走入獨立、堅強亦是柔軟、慈悲、智慧、良善的、軌跡清晰而明確的人生道路。

胡適先生曾言：「每一寸進步就有每一寸的歡喜」，真正的修行應當是充滿歡喜與愉悅的。這是一趟在三維世界裡做減法的旅程，是不斷看破幻象、放下執念的過程。而這過程不是執著於破一切相，因為那破一切相，表面上看似在做減法，實際上是在做加法。如果急於去掌握一切事物表象背後的規律，其實只是不斷地向外抓取，捨近求遠，結果往往事與願違。

當你反求諸己，你會發現，小我產生的念頭，牢牢捆縛住你，讓你不得自由。當自我意識到達這般的狀態，如若選擇跳脫小我模式，俯瞰生命，讓小我的念頭，只是從意識中流過，而不滯留。對於那些念頭，如世間的山水、萬物之相，不去對抗，也不去試圖消滅或剷除它們。只需選擇看見它們、接納它們、識別它們、觀察它們。如此，念頭只會流經，而無法滯留，這讓你無需去承載負重，便能做到破除我執、進而可實現無我。此時此刻，擺脫了情緒、欲望、念頭和感受的驅使，就再也不是被小我主導而活在苦惱中的你。

修行的第三重境界：「看山仍是山、看水仍是水」

當行者真正契入無我之後，便突破了「看山不是山、看水不是水」的境界。能到達絕對真理、道的境界。當行者最

終來到這重境界，就超越了一切法、萬法皆舍、萬法平等、萬法皆空。修行者們會發現，以前困擾自己的所有問題都不再是問題。如智者老子所言，從「有」的境界，進入到「無」的境界，也即是佛家所說的「空」。在這個境界裡，既空且無，更是一種圓滿狀態。

年至五十之際，我逐漸邁向修行的第三重境界，終於了悟生命。在我的生活中，褪去了情感糾葛，徹底離開商業職場，專心走在扶助他人、奉獻社會的路上。餘生，惟願循此而行，戮力追尋身心靈合一，並期盼以此實踐圓滿自我的終極心願。

這時，真實領悟到生命的本質：「原來生命良好的走向是開發慈悲與智慧」。在所有自出生前即已形成的大布局運程中，人人來此世間一遭，歷經所有喜、怒、哀、樂、苦痛的情境，無非是為了走過小我、走過隨伴業力去提升慈悲與智慧，了悟生命。眾生自投生前，因業的前因後果，即在真誠面對真相，而自我所揀擇的生命課程，各自大不相同。這一門門各個不同的功課，在累生累世不斷修習下，其目的是要將意識體從粗糙狀態轉化成精密狀態，一步步提升超脫，終至寧靜達大能量解脫境界。如若不然，課業過不了關，情境將重複不斷，得再承受相同類似的情境，直到明白、了悟、轉化的那一刻為止。

深刻理解到這一條漫漫生命路程，是任誰也逃脫不了的。所有外在際遇，終究是為了內心的淬煉，因此，無須太過執著。在萬分難更改的大布局運程中，對所有情境應坦然

接納、勇敢直面。將每一次挑戰轉化為內在修為，不批判，不對抗，直至超然物外，心得自在。這其中修習的重點，是在面對情境無所不在的強大挑戰時，那些累生累世積習難改的不良習性，或此生內在所形成的坑洞，是必須逐漸克服與逐步轉化的。否則困境已經存在，逆境不斷、循環不已，則這生生世世所為何來？

修行者的工作就是要將「覺識」朝內轉去，穿透數不清的人格層次，層層刺穿直到轉化、超越解脫為止。當深切體悟了佛家的四法印真理——「諸行無常、諸法無我、諸漏皆苦、涅槃寂靜」後，也終於能明白大乘佛學的三大要義——「出世心、菩提心與空性正見」。這些高遠的精神境界、終極真理，並不僅只是片面的思想，而是必須在真實的世界裡，面對現象情境而實踐的。

然而，當脆弱的人性面對累生累世積習難改的不良習性，或此生內在所形成的坑洞，在面對情境無所不在的強大挑戰時，我們究竟該依憑什麼力量來超越？又該借助什麼樣的智慧來轉化？

轉化與超越，是需要有足夠的能力、勇氣和耐力來完成，這意味著需要能量。多年以來，每當我焦慮已極、無所適從、情感脆弱，掉到情緒的谷底時，我除了在內在提起絕對真理的意念，更多運用的轉化機制即是來自古老藏密傳承——法王、仁波切們灌頂的「觀想持咒法」。在我持修多年之後，隨著時日的累積，我越來越為咒語的力量感到驚訝與不可思議，並充滿堅定穩固的信心。咒的定義是「心的保

護者」。凡是保護人心免於墮入負面心態，或不受凡夫心所控制都稱為咒。念咒可以完全改變心境，轉化能量和氣氛。咒是聲音的精華，以聲音的形式來表現真理。每一個音都涵攝精神力，濃縮了真理，散發出諸佛的法語加持力。心乘坐在呼吸的維繫能量上，經過全身，震動脈輪，也淨化全身脈輪。因此，念咒是直接鍛鍊心和精密的身體。

我即是以「提起正知正見的自力」和「諸佛法語加持的他力」，運用這雙重機制，從第二重境界的將信將疑、小我與大我掙扎與交替的支配，到奉行修持，是經過長時期不斷修習，進而達成堅信不移。我時刻運用它來面對最深重執著的習性、最無力的坑洞，才逐漸地凝聚能量，達成一次又一次細微的轉化與超越。這便是建構起了我妥善穩固的「個人神聖空間」，一種心流，一種內心持續永恆的層面。

至此，我領悟到生命「山水」的真相，是不再有分別心與執念，升起了無所住而生的慈悲心。我祈願最終能成就那一沒有染著的心，可以真正做到「見諸相非相，即見如來」。所謂「見山仍是山，見水仍是水」，見的依然都是相，但不會被相所染著。可以做到以本心如如不動，坐看雲卷雲舒、花開花落、擁抱一切、接受一切。再無善惡的分別心，再也不會被任何相所困，也再沒有破除一切相的執念。我亦將依此，期許自我的意識，生生世世逐步戮力，終至實踐圓滿的達成。

三重境界，只在你參與生命的角度

作為修行路上的行者，當你處在第一重境界，看山是山、看水是水時，看的主體只是你的意念、你的業力而已。所謂的山和水，都只是意念所產生而來的善惡之動，即使是有善意、有惡意之動，這也是行者自帶而來的隨伴業力。

當你處在第二重境界，看山不是山，看水不是水時，已經開始意識到，所見的善惡，並不是你本心發出。你即將覺醒，努力想要為善去惡，想要窮盡真相，接近中道，但還是沒能捅破那層窗戶紙。只因這為善去惡，不是從致良知、不是從自己的本心上下功夫；只因你還沒有完全證悟我們的內在是本自具足的。

當你到達第三重境界，看山仍是山，看水仍是水時，此刻你已經完全讓無善無惡、且知善知惡的良知和本心接管你自己。已經可以完全擺脫意念的控制和驅使，用光明的本心去看這世界的萬物，基本做到了知行合一。可以輕鬆自如地俯視肉身的小我，再根據任何的相所產生的任何認知，用認知顛覆認知，在三維世界裡活出自性的真我無我。

一如楊定一博士在生命課題所宣導的，「以覺、以參、以接納臣服：看穿萬物虛妄的本質，跳脫二元，打破小我，從容走過今生的隨伴業力，回歸本源，活出一體，讓神聖自然流淌。」

量子糾纏即是命運之手

關於量子糾纏的幾個基本概念

探究量子糾纏對於修行的啟示,首先需要明確以下幾個核心概念:

其一是「量子」。量子是現代物理學中的重要概念,是作為物質構成的基本單位,且是存在最小的單位,其本質在於不可分割的基本單元,可以將量子理解成基本粒子。

其二是「量子疊加態」。是指一個量子系統,可以同時處在多個量子態的狀態。量子所在的微觀世界,跟宏觀世界有顯著差異。宏觀世界的時間與物體,均擁有確定無疑的位置和形態。在量子領域中,這些基本粒子能在任何給定瞬間展現出多重形態與位置的共存狀態,形成一種充滿不確定性的疊加狀態。著名的「薛定諤的貓」實驗,描述了這現象,即是一隻貓可同時處在生死疊加狀態。這種不確定性,即是「量子疊加態」,量子力學不確定性原理。

其三是「量子坍縮態」。當有觀察者有意識地介入觀察時,量子原本的疊加態、不確定性會驟然崩潰,瞬間坍縮成一個明確的單一形態。簡而言之,「疊加態」體現了量子的不確定性,而「坍縮態」則標誌著這種不確定性的消解,轉化為確定且固定的形態。

其四是「量子糾纏」。量子糾纏時,是微觀宇宙中最為神秘莫測的特質之一。量子糾纏是多個粒子間的一種超距關

聯,指兩個粒子像一對「心靈相通」的雙胞胎,它們之間具備一種超越空間束縛的緊密聯繫,即使相隔千山萬水,一個粒子狀態的任何變化,都會即刻傳遞到另一個粒子,引發其相反的變化,彷彿兩者之間存在著一種無形的紐帶。量子糾纏超越時空的界限,更揭示量子世界作為一個更高維空間的本質,其中的時間和空間不再是孤立的存在,而是緊密交織的整體。量子的速度,更是超越了傳統三維空間速度概念的範疇,在更高維度的空間中,其速度之快,已非人類所能直接感知或測量。

其五是「**觀察者效應**」。所謂觀察者效應,就是量子作為基本粒子,在沒有被人為意識觀察時,呈現出疊加態的多樣性;而一旦有觀察者的介入,其狀態便立即坍縮為單一的確定性形態。前述「薛定諤的貓」實驗,若有觀察者介入,貓即處在不是生、便是死的單一確定性狀態。

量子疊加態的啟示

在量子的微觀宇宙中,基本粒子持續處於多種形態與位置間共存的狀態,展示出無盡的不確定性。映射到我們的人生,意味著每個人的生命旅程,均承載著不可估量的多樣性與無限可能性。不應輕易悲觀,不應輕易被既定的框架所束縛,而應當秉持一種開放的心態,相信通過不懈的努力與內在的修煉,能夠開啟多樣化的未來圖景,讓生命的旅程充滿無限精彩。

量子疊加態亦啟示我們,不應外求、不要評判、不要期

待。這些外求、評判、期待等行為，即是觀察者介入，即會觸發觀察者效應，導致原本充滿無限可能性的人生軌跡發生坍縮，變成只有一種單調而乏味的可能性。

真正的智慧，在於超越對外境的執著，轉而關注並修煉自己的內在。讓命運的河流自然而然地流淌出無限的可能性，而不會因觀察者效應的存在而發生坍縮。當我們的內在富足、自在而豐盈，宇宙會捕捉到我們的心念，自然、自動地為我們匹配出最為契合的外境。

觀察者效應的啟示

量子原本處於疊加態，蘊含著無盡的可能性，然而，一旦觀察者的意識介入，即心念萌動的剎那，量子即刻轉變為坍縮態，展現了觀察者的主觀影響。此現象如同所謂「相由心生」，意指我們的每一次起心動念，都在無形中塑造我們的外境，而每個人的外境，均是其內在世界的投射。我們所目睹的世界，實為雙眼與大腦協同作用，是經過主觀解讀與重構編譯的世界。

鑒於此，保持內心的清淨、溫暖與美好，對於構建一個和諧快樂的外境至關重要。這是要求我們在日常生活的點滴中，時時察覺並審慎對待自己的每一個念頭，避免負面情緒的滋生，以正念、善念引導我們的行為與決策，讓自己的內在有序、清靜、溫暖而美好。面對世間萬物，無論遭遇何種情境，邂逅何種人物，我們都應秉持光明與善意的能量，化解陰暗情緒的侵襲。正如佛家所云，「萬法唯心所現」，一切外在現象，皆源自內心的映射。

小我與大我的糾纏

我們內在的小我與大我,即是一對相互糾纏的孿生粒子。一旦其中一個粒子的狀態發生變動,另一粒子幾乎同時展現出相反的變化,這種關聯無關乎空間距離,也無分時間先後。

核心的問題在於,我們生命的航向是由小我掌舵,還是大我引領;是大我以高尚情操駕馭小我之私欲,還是小我之私欲遮蔽了大我的光輝;是正念的光芒驅散邪念的陰霾,還是邪念占據上風,侵蝕正念;是正見超越偏見的束縛,還是偏見蒙蔽了正見的雙眸。

那些能讓大我淩駕於小我之上的人,其生命狀態往往洋溢著昂揚鬥志、喜悅之情、寬廣胸懷、大度風範以及深切的慈愛。相反,若小我占據主導地位,其生命則不可避免地散發出強烈的負面能量場。小我與大我之間的心念抉擇,如同啟動不同的因果鏈,影響著每個人的命運軌跡。

就我個人經歷而言,年輕時,小我主導我的生命,因果業力為我呈現前述的種種現象。隨著修行日深,我逐漸實現由大我與正念主導生命的轉變。修行的真諦,便在於這一過程——通過修習,讓大我日益壯大,逐步馴服小我之野性,讓生命的舵手回歸至靈魂本我。唯有如此,我們方能掙脫小我枷鎖,擺脫其帶來的束縛與苦楚,活出真我風采,體驗生命最純粹的喜悅與自由之境。

因果共時

　　量子所處的微觀宇宙，是更高維的世界，時空不再是孤立的概念，而是交織成一個不可分割的整體，其中，在相互作用與糾纏的機制下，「因」與「果」幾可同時顯現，彼此間不僅是單向的決定關係，更是相互塑造、互為因果的複雜動態。

　　因果轉換，全在一念之間。

　　昔日一個負面的念頭，經由因果鏈的不斷發展，最終催生了當前不佳的「果」。然而，當我們在承受這「果」的過程中，內心智慧被喚醒，原本的「果」得以轉化為積極的面向。同時，往昔那看似不良的「因」也隨之被賦予了新的意義，成為了促進成長的契機。於是「因」也是「果」，「果」也是「因」；「因」可以決定「果」，現在你所承受的「果」也可以決定過去的「因」。一念之轉，天地都換了，這就是所謂的「一念天堂」。

　　以情感生活為例，若你昔日選擇了並不合適的伴侶步入婚姻，而今婚姻破裂成為「果」，當初的選擇便是那「因」。然而，正是在這一番經歷與抉擇中，個人對於愛情、兩性關係的理解得以深化，智慧與洞見也隨之增長；正是這份深刻的體驗，讓我們擁有了選擇結束不幸婚姻的力量，也讓我們完成了心靈成長的重要一課。因此，原本不良的「因」，在某種意義上被賦予了積極的轉化，便成為了塑造今日成熟自我的積極的「因」。

就我個人經歷而言,我與母親逆增上緣的「因」,導致我在情愛關係中遭遇諸多糾結與創傷,看似為不幸的「果」。當我的生命之河流淌至今,這漫長過程中的日漸體悟,最終我深刻感受,正是這些經歷讓我對人性有了更深的洞察,對情感有了更高階的領受。兩性關係中的挫折,反而成為了我人生智慧與修行體悟的源泉。我分享的經歷與見解,若能激勵他人思考、促進有緣者的成長,那麼原本看似不幸的「果」便轉化為幸運的「果」,而此前的「因」與「果」,均轉化為積極的「因」,實現了因果的良性循環。

這種一念之間的轉化,能夠有意識改變一個人的生命軌跡,將原本低落、沉淪的生活軌跡,翻轉為積極向上的人生之路。

內外共振

量子糾纏,除卻其因果共時的時間維度關聯外,還蘊含著內外共振的空間維度耦合,即內在狀態與外境之間,會發生精確匹配,彼此作用,相互塑造。

「萬法唯心所現」,從量子的視角審視,我們的意識與微觀粒子一樣,皆是內心的顯現。當條件成熟時,量子糾纏便會發生,個體內在釋放出的心念,將吸引相應的量子與之糾纏。這便是「同頻共振」或「物以類聚,人以群分」現象的量子層面解釋。

宇宙依據個體的內在能量,自動匹配相應的外在物質實相。此內在能量,指的是內心高維世界中蘊含的愛與智慧,

以及每一個細微的心念波動;外在物質,則涵蓋了三維世界中的人、事、物。

若個體持續釋放利他的意念,依據能量守恆原則,將有眾多人因此受益,形成正向的能量回流與疊加。因此,追求更佳外境的關鍵,在於創造更多正向、利他的糾纏,以期實現萬物間的和諧共生與回饋。

反之,若個體頻繁釋放負面意念,則易引發負面的量子糾纏,最終招致不利的外境回饋。個體的感知方式,如恐懼、焦慮、逃避等,將吸引相應的不良體驗至其現實生活中。若細心觀察便會發現,那些習慣以負面思維處世的人,生活中往往壞運連連。這好像是某種自我應驗的預言——當內心充滿陰霾,眼中所見便盡是荊棘;當日常習慣抱怨,周遭便真的顯化出更多可怨之事。就彷彿是投石入湖,每個負面念頭都在現實水面激起相應的漣漪。

以我們與財富關係為例,個體內心深處對金錢的認知與態度,直接決定了其個體與金錢的關係。若視金錢為罪惡之源,或對他人的財富成就持有嫉妒之心,實則反映了內在金錢通道的阻塞與心量的狹隘。然而,持相反行事態度的覺醒者,則能真誠地為他人之成功感到喜悅,理解宇宙能量的流動與豐富性,通過正向的財富觀念,吸引更多積極元素進入自己的生活。

因此,審視並調整對金錢的態度至關重要,它是構建健康財富關係的基石。財富的匱乏,往往源於內在未被解決的匱乏感,如貪心、疑心、嫉妒等負面情緒,其根源則在於愛

的缺失與安全感的不足。真正的富足源自內心的富足感，是願意為社會貢獻、讓世界呈現更美好的本自具足狀態。

　　內在的投射塑造了個體的外境。小我的不淨與妄念將召喚不良的人、事、物；大我的正見正念，則會引領美好事物的發生。正如年輕時，屢屢給我帶來傷害和困擾關係裡的人和事，其實也是當年小我的負面內心主導了我的生命，是小我陰暗面能量投射的呈現。

　　或許你並不理解，我們並不希望壞事的發生，何以會發生壞事？其實，「別發生壞事」的意識意念，只是停留在頭腦層面，但是你的內心卻一直處於糾結、擔憂、焦慮的潛意識意念中。你內心的擔憂與恐懼，實則是在為不良事件注入能量，促使其發生。因此它一直在被你的心念力量驅使成熟，你的擔憂、恐懼的意念念頭，會形成負面的種子，它會投射在人、事、物上，召喚這個壞事的發生。

　　因此，我們應練就無須擔憂、也無須期待的心態，因為擔憂與期待其實都是使得「觀察者意識」介入，讓量子呈現坍縮態，壞事也就發生。

　　當意識不斷執著於追逐更多的財富時，這不斷向外索取的渴求本身，便暴露了自我內在的匱乏與不足。在看似積極進取的表象下，實則潛藏著恐懼與匱乏——這樣的根基，終將導致整個追逐體系的毀壞崩塌。真正富足的人，是發自內心的富足，是本自具足的富足感。只因他們自由流動的正向內在，宇宙自然會為其匹配富足且豐盛的外在物質財富。

　　我們的起心動念，影響著量子糾纏。宇宙從來都能精準

匹配,無關你要或不要,都將相應的匹配給你,關鍵是你內在的能量,適配什麼。你的想法、你的善意或惡意、你持續的動作,最終決定了你世界裡的所有。若追求內外的喜樂豐盈,必定要將內心的念頭調整到正確的軌道上。只需要關注自己的內在,提升能量,宇宙自會匹配顯化給你一個相適應的外在。

通過覺察小我、清理負面念頭甚或業力,我們讓內心充滿正念、正直與浩然正氣,這些正能量散播至宇宙,能成就我們生活中的絕大部分美好。將行有餘力的慈心投身於服務他人與社會的事務中,讓善意與給予成為生命的常態,我們會發現,生命終將開啟自身的天賦與使命,實現人生狀態的全面昇華。

大徹大悟者,不再受限於人生軌跡的束縛,他們能在內在世界中感受到宇宙的博大與深邃。當你還在為生活瑣事煩惱時,他們已於內在實現了真正的自由與平靜。這種境界,其實也能夠逐日逐步達成,只需心中有意願開始這段內在探索與成長的旅程。

願力即是「萬法隨心所現」

　　所謂願力，乃是內在強烈渴望、矢志不渝實現某個正向目標的深切願望。在意識心流的狀態下，藉由念頭、語言、行動為其持續灌注能量，最終產生心想事成的超強顯化能力。

　　我始終認為，能完成撰寫這本書，是我內在願力的現實顯化。我自認並不是謀篇布局能力強、文字功底深厚的寫作者。我能完成撰寫這本書，只因為在我行至五、六十歲之際，得先聖先賢開啟了我的生命智慧。了悟人生後，我的生命便誕生了一個願景——將我在生命歷程中、修行歷練中所獲得的人生智慧，以文字的形式呈現出來，化為涓涓細流，願滋養每一顆渴望成長的心靈。

　　我把著書這件事情，當作我人生重要的使命與價值。並深層連結我生命內在的宏大能量，藉由我的念頭、語言和行為，持續加持這等願力。我深信現代科學的量子力學理論，在人類不可監測的微觀宇宙中，時時刻刻有量子糾纏在發生作用。正是在量子糾纏的影響下，在其後的歲月裡，總有契機讓我遇到一些人與事、一些智慧，或讓我不斷強化著書的動力，或為我書稿提供支援，直至今日這本書即將完成。

　　藉由我個人的感悟，並借鑒先行者的經驗，我認為真正啟動願力的能量，包含幾個核心關鍵點：

　　其一，願力必須是根植於正向意圖之中的心願。其終極指向應是惠及眾生，而非滿足個人私欲。這是願力強大顯化能力的源泉，以及願力運作的底層邏輯。若偏離此底層邏

輯,讓願力服務於個人私欲,則此願力必顯疲軟,勢必遭遇重重阻礙,難以成就。

當下的時代,正處於整個地球磁場發生能量轉化的過渡期間。我日日都在深刻感受,整個地球對立的能量不斷增強,整個世界、社會戾氣不斷加重。芸芸大眾普遍的焦慮、抑鬱、暴躁,心理問題更多地爆發……

我在臺灣度過了我的前半生,中晚年之後來往於兩岸,在近甲子年歲時又定居大陸,能深刻理解到兩岸年輕人的身心現狀。眼見臺灣年輕人較情感化,缺乏理性的狀態,以及大陸年輕人的超理性,壓抑情感的狀態,同時,也親歷兩岸關係的二元對立造成的民族內耗局勢。

作為一個修行者,在渡己的同時,亦希望可以普渡眾生。心中期盼能撰寫完成這本書,以個人的生命歷程、修行經驗,讓更多人看見生命另一種存在的狀態、另一種可能的生命途徑。在修持自身,在惠及自身的同時,進而能盡一份心力,讓這個世界的能量趨於穩定、中正平和。

更期望兩岸的年輕讀者們瞭解,一方面,小至個人生命的完整,在於感性與理性的交融——以感受體驗生命,用理性昇華感知,二者平衡合一,方能讓生命走向真正的豐盛;而另一層面,大至社會民族,更期待藉由我的視界,看到兩岸真正的不分彼此,同樣是中華民族的子孫,不再於二元對立中彼此消耗。

我撰寫此書的強大願力,根植於我希望惠及大眾。希望兩岸的年輕人,以至所有人都走向生命內在的豐盛、外在的

安祥安定。希望兩岸的人們，乃至世界各地的華人，在各自的生命裡及社會的群體中，皆走向和諧一體的正向意圖。而這本書能完成，便是我願力達成顯化的客觀成果，然而，它只是願力附帶產生的衍生品。

其二，願力之實現，必須依託於清醒的覺知，與內在自性真我的深度連結。而非停留在大腦、小我的意識層面。此中關鍵，在於辨識到底是哪個層次的能量在驅動——是真我深層內心能量的自然流淌，還是小我頭腦意識層面的刻意操弄？

對於我而言，我撰寫這本書的願力源起，是我在臺灣半生生活、在中晚年之後逐步了悟真理之中；其後又來到大陸學習、定居生活工作，理解了兩岸民眾，尤其是年輕人的困惑、煩惱；也在我多年來從事社會扶助工作，讓我見到他人的苦痛掙扎之後⋯⋯在此過程中，每當我靜下心來，回望自己走過的生命歷程、修行之路，那些艱難與挑戰、領悟與成長，都能化作一股股溫暖而堅定的力量，匯聚成我心中的願力之海。這讓我逐漸明白，自己的種種經歷或許不僅是個人的修行功課，更蘊含著將先賢智慧傳遞給更多人的可能——倘若其中的些許感悟，能對同樣在人生路上探索的同胞們有所裨益，便是我最大的慰藉。

當我不斷地覺知內在，連結真我的能量，從內在最深處萌發出惠及眾人的善意之際。便覺察出我的人生價值，不是滿足父母的期許，也不在商業領域達成貢獻力。而是通過自己對生命的了悟，完成自利利他、自覺覺人的工作。因此我

從內心發願,謹以此書,分享點滴體悟,若能有緣利益讀者一二,便是對這份願心最好的滋養。於此過程中,我無得失、名利之心,只是希望分享,只是期盼自覺覺人。這其中沒有評判,僅是純粹順勢成就這本書,以分享我個人的修行之路。書寫的過程中,我感受到生命能量的流動,讓每個文字,都成為心願的顯化。

　　其三,植根正向意圖,連接真我能量的願力,會展現出超乎尋常心想事成的顯化力量。所謂「神通不敵業力,業力難擋願力。」即是說,即便擁有超凡能力,亦難逃脫業力之束縛;而業力之強大,亦能被願力所扭轉。

　　在我了悟之後,我對待願力,自始至今都秉敬畏之心,持虔誠之態。我撰寫本書的願力之所以擁有顯化能力,其深層邏輯在於,宇宙天地、自然萬物、芸芸眾生本就是一個緊密交織的整體。在人類肉眼所不能見的量子層面互相糾纏,彼此依存,此非人類所能直接感知或測量,但卻是真實的、更高維的客觀存在。因此,我真切地感知,在我發此願力之後,我所啟動的每一個心念,我所遇到的每一個人,我所碰到的每一件事,都不是孤立存在的。我的起心動念,無時無刻不在與外境的萬事萬物,發生所謂的量子糾纏。這因果法則在瞬息間不斷運行,讓一些原本似乎不相關的人事與智慧,或成為催化劑,或成為媒介,在冥冥之中有我所不可預知的運作,讓著書這件事情,得以心想事成地完成。

　　對修行者而言,始終的真理即是,我們需善用願力,若想讓自身的外境更為友好,就必須先給予外境的人、事、物

帶來好的啟發與變化。同時，在行事的過程中，務必摒棄計較得失的小我模式。轉而以深層覺知與真我能量引領行動，連結深層的能量，全情投入，以「如如不動」，進入一種神秘的意識心流狀態。這其實就是「萬法唯心所現」，個體內在釋放出的心念，將吸引相應的量子與之糾纏，實現同頻共振。所有行動均可事半功倍，且能產生可能的無限創意和完美精粹的品質。

讓願力在這種正確的軌道上運行，願力就很容易顯化，而個體的獲得，只是順勢而來的衍生品。當然，即使只是衍生品，也能為個體帶來喜悅、豐盛與富足。

古之智者早已洞悉這一宇宙間最深刻的因果法則。比如王陽明，提出「心即是理」、「致良知」、「知行合一」等理念。內在世界本自具足，人擁有超越我們認知的能力，只是需要以正確方式激發。良知，即為對宇宙萬物一體及因果法則深刻領悟後，以眾生福祉為考慮原點所生發的強大願力。因此，良知即願力，願力即良知之深化體現。而知行合一，則是在宏大願力的牽引下，全情投入、全神貫注，進入意識心流狀態，去推進其顯化、實現，最終達成個人的人生使命與價值之昇華。

附　「六度」是現代人切實可行的修行法

曾經在我帶領的成長與修行工作坊課程中，總有學員提問：有什麼切實可行、行之有效的修習方法，讓我們得以窺見成長的路徑？

佛學中有一個精妙的譬喻，關於騎象人與大象。騎象人是你，而大象是你的運程。若騎象人渾噩又茫然，大象便會依循自己的路徑前行，對騎象人不理不顧。但若騎象人精通駕馭之道，懂得善用象，便能引導大象朝著他想去的方向前行。熟練的騎象人，可以駕馭大象，而技藝生澀的騎象人，則經常被大象摔倒。一經倒地，只會療傷止痛，卻未思改進，於是反覆跌倒在同一種困境中。

修行者既是如熟練的馭手，每次跌倒後調整姿態，終能漸入佳境——這與學習滑雪、溜冰等無異，皆是通過反覆練習而臻於自在。真正的修行，便是如此逐步馴服自己的內心，駕馭欲望與衝動的洪流。西方心理學家撰寫的《象與騎象人》這本書，有雷同的譬喻。

道的路途，是必須具有相互抵消的特色。依照彌勒菩薩的說法：一切善行的障礙或反制，可以歸結於人有六種自然的喜愛傾向。這六種自然的喜愛傾向，是需要自我克服消融的。

在佛法修行法門中，有六種基本的慈與善的修行方法，便是克服消融對治自然喜愛傾向的方法。稱為六度，即六波

羅蜜，也叫六波羅蜜多，可以自度度他，福慧雙修。所謂「波羅蜜多」，是梵文音譯，即「到達彼岸之上」的意思，也可理解為「圓滿成就」。

在快節奏的現代生活中，我們往往被各種欲望、煩惱和焦慮所困擾。千頭萬緒中，不知道如何找到一條通往內心平靜與智慧的道路。六度，作為佛法中「六種通往覺悟的實踐」核心內涵，可以為當下的我們提供一條切實可行的修習方法。

(一) 布施分享

人性的第一種喜愛傾向是：有收藏的嗜好。我們喜好收集東西，包含許多層面的東西，內心總想著這些東西有一天會用到。這種對收集的喜好，是我們需要抵消的，為此而有了「布施」。這單純的慈善行為，更為含意深遠，其實是針對收集嗜好的抵消。

布施分享，是六度中的第一位。用現代的語言表達，就是「大方地給出去」。某些修行者的解釋是：種善因得善果，有捨才有得。世間人追求財富金錢、聰明智慧、健康長壽。要想達成這些願望，首先要種因，那就是布施。財布施，得財富；法布施，得聰明智慧；無畏布施，得健康長壽。當然，這依舊是修行者的小我在運作。是基於利己的心念，通過利他的行為來達成個人私欲，依然屬於小我的妄念頭，而非大我的正見正念。

真正的布施波羅蜜，是我們基於大我的利他正念。給別

人提供力所能及的幫助，為社會做出貢獻，讓世界變得更美好，是做一件發自內心熱愛快樂的事情。起心動念，影響著量子糾纏。你的善意，你持續的善行，通過量子糾纏，為你的匹配顯化出一個豐盈喜樂的外境，這只是布施波羅蜜的附加產物。

另外，布施還有一個很重要的作用：針對我們的喜愛收藏，布施就是幫助我們戒除慳貪。越是捨不得的，就越讓你捨掉，慢慢的，我們的貪欲就會越來越小。

在我過往的經歷中，我秉持的正見正念，從以下幾個方面舉例我的踐行布施。也期望與日後走在修行路上，或將走上修行之路的同行者，一同共勉踐行：

財布施：除了平日給慈善機構、宗教團體、街頭流浪者金錢支助外；我曾經在臺灣張老師基金會，面向社會大眾從事免費諮詢義務扶助工作達十年有餘；我也曾持續資助一位非洲兒童，通過經濟援助支持其成長。

法布施：平時見到有益書籍，會購買分贈身邊的友人們。在臺灣，通過大學通識生命教育課程、小型工作坊，分享自己的成長與修行心得；也曾得到宗薩欽哲仁波切的同意，開設以他的書籍為主體的課程。

來到大陸定居後，前期我曾在高校為大學生講授心理學課程，後期則轉向更廣泛的心理服務工作。如今，我亦開展一對一心理諮詢，與機構合作，通過主持專題工作坊和舉辦講座等方式，分享個人成長與專業學習的經驗心得。撰寫這

本書,也是希望將這一生經歷的修行之路、成長心得分享給更多有意願瞭解生命及願走入修心的讀者們。

無畏布施:當目睹他人深陷恐懼與困境時,我們伸出援手所給予的不僅是安慰,更是一盞照亮黑暗的心燈。無畏布施的精髓在於:明知相助可能為自己帶來影響、困境甚或傷害,仍能超越內心的畏懼,以勇氣為舟,渡人亦渡己。當年在臺灣職場上我歷經的重大政商案件,在後續過程中,我依然選擇忠於董事長的委託,義無反顧的處理,以及此刻撰寫此書無畏剖析自己的過往經歷。到今天這年齡,偶有保持仗義執言的作風,期待日後也能加強自己的無畏布施波羅蜜。

(二) 持戒自律

人性的第二種喜愛傾向是:當脫離眾人目光時,人們會萌生私下使壞的念頭。若世間失去法律約束,內心對使壞念頭的原始衝動便會顯現。戒律之所以存在的深意,是用以幫助我們日常能守住良好的生活習慣與良好道德。

所謂持戒,就是守法。不僅僅是受持五戒、十善等佛法戒律,更是培養內在有最高的道德準繩。通過自己的辨別、識別、洞察力,就算沒有旁人在場,也知道自己該做什麼、不該做什麼。這種不假外力的自律,才是斬斷煩惱枝蔓的利劍,滌蕩習氣塵垢的清泉。

佛門的一些戒律,我逐步地瞭解與遵守著。自年輕時皈依後,我盡可能地遵守佛法戒律。當然,遵守戒律的目的,不是守戒行為本身,而在於通過持戒,可以培養慈善、誠

實、正直、純潔和自律的品質。道濟和尚嗜好酒肉，卻能做到「酒肉穿腸過，佛祖心中留」。他依然是一位享受崇高聲譽的得道高僧，世人尊稱「濟公活佛」。

在晚年之後，我在持戒中摒棄繁瑣，走向簡單、更注重規範內在本質之法。以佛家八正道來規範自己的思想與修行：

一、正見：正確的見解，即對世界種種事相之源起性，有一正確的理解。

二、正思：正確的思想、意識或觀念，要從正途思考事情，生命的「正」性是準確而直接的，單純的生命不加任何摻雜，不將生命情境削弱或增強。

三、正語：純正清淨的語言，說話端正，遠離一切在概念上耍花樣的論調，使用友善純潔的詞句。

四、正業：正當的活動、行為，是善的行為、道德的行為。

五、正命：立定自己生命的方向，最智慧的方向是求道、覺悟的生命。

六、正精進：正確的努力，致力於持久的修善，使自己的身心臻於完善。

七、正念：正確的念頭，不想邪辟之事。

八、正定：即是禪定，人安靜下來冥想和禪定，正身端坐，心無旁鶩，在禪定中觀照真理。

對於現今許多在家修行的朋友們而言，也可以深入領悟修行的八正道，其精髓不在於形式上的戒條持守，而在於心

地的澄明。真正的修行，是學會在情緒波濤中安住，在欲望生起時覺照，保持內心的平和與寧靜。即使在無人監督的情況下，我們依然能夠堅守道德底線，做到問心無愧，為自己和他人創造一個和諧穩定的環境。──這需要我們有高度的道德自覺和辨別力。

（三）忍辱包容

人性的第三種喜愛傾向是：人們有時會將自己置身於麻煩當中。甚至是從製造混亂中獲得某種滿足，對此的對治是忍辱或耐心。

關於忍辱，《金剛經》上講：「一切法得成於忍。」忍辱有忍耐、原諒等意思。意指遭遇逆境時，心境保持平和，不會想去傷害人，不起憤恨和執著。

忍辱分為三類：第一，是別人對你的加害、陷害，要能夠忍受；第二，是自然的變化，寒暑冷熱、饑餓乾渴、風雨雷電等等，皆能夠忍耐；第三，是修行，學習、修行是非常艱苦的，要能夠堅持，能夠忍耐。

在我的職業生涯中，我雖屢獲肯定，卻也因此受到周邊同事的排擠針對，這於當時的我而言，是一種煩惱與困擾，如心中的一片陰翳。但我選擇採取忍耐，遠離是非漩渦，不起爭執，儘量消融不快與憤怒。並逐漸接納這個現實──世間本就是如此，也試著理解他人的處境與心情。

在我的歷次情愛關係中，不論主觀上的動因如何，對方總不免給我帶來傷痛與困擾。我曾經努力承受與接納，即便

緣分走到盡頭,我心中並不留存對情愛對象的怨懟恨意。

忍辱是修行中的一大難關,是能修習我們心性的方法。人人投生於世,皆自然地攜來隨伴業力。面對、消去、消融這隨伴業力的同時,應有的智慧作為是不再捲起新造的業力。我們可以做到接納一切,臣服一切,有包容心、有耐心,一切皆可原諒。面對生活中的不如意和挫折,我們要學會接納並坦然面對。不是逃避或抱怨,而是積極尋找解決問題的方法。對於他人的過錯和冒犯,我們要有寬容的心態,不去計較或懷恨在心,而是用包容和理解來化解矛盾。無論遇到什麼情況,守得內心一片澄明,才不會為外境波瀾所動,而影響到我們的心境和修行。

(四)精進努力

人性的第四種喜愛傾向是:我們常常傾向於散漫放任。骨子裡喜歡不專注,喜歡不受限制。若是過於被限制,會令我們不能伸展。因此,對這種喜好的對治就是精進。

精是專精,進是進步。精進即是「用心」,投入、努力地修習,做到最好,與「堅定心」密不可分。

修行者要比世間人更精進、更努力,才能逐漸成就圓滿。行者要身體力行善法,勤斷惡根,好好對治自己的鬆散或漫不經心,對善要時時產生一種向上的力量。

我的一生,確實是精進的一生。

年輕的時候,雖然學業不盡如人意,但終我一生,學習的腳步從未停歇。中晚年拿到博士學位,大量涉獵包括心理

學、哲學、宗教、身心靈等各個領域的知識,並身體力行。

在職場中,每一份工作我都恪盡職守;在目前從事的社會幫扶工作中,我亦從未懈怠。

自我二十來歲,開始接觸成長與修行,到目前為止,數十年,內心日復一日的自覺、反思未曾中斷。在走向生命可見的未來,這種修習、自覺、提升,我亦期待永不中斷。

對於我們每個人而言,成長與修行的意義就在於,通過我們一生的持續精進,讓我們在生命結束的那一刻,回望來時的路,可清晰地見到,相比於我們出生的那一刻,我們可以走往生命更高的維度──這就是我們這一生成長的價值。

(五)禪定專注

人性的第五種喜愛傾向是:我們常常樂意被外界主導。雖然我們心裡想著,平日努力工作獨立自主,不喜歡被人使喚。但實際上我們喜愛被其他事物所主宰、被其他事物所支配。我們也容易從眾,特別是現代社會,容易盲從於社群媒體中錯誤虛假的資訊。因此,對此的對治就是專注或正念。

禪定就是通過打坐、冥想等方式,來培養我們的定力,達到「觀」、「定」、「止」。六祖惠能大師說:「禪」是外不著相,「定」是內不動心。

對於初窺門徑的修行者,需要借助一些方法,不斷地修習,幫助我們來實踐禪定:

一、**靜坐冥想**:每天抽出一段時間進行靜坐冥想。通過冥

想放鬆身心、淨化心靈、提升定力。初期,短暫幾分鐘的靜坐冥想即可。或可養成隨時需要便以短暫的冥想靜坐,得以放鬆淨化自己,這種簡而易行的冥想,是我以為日常最佳的冥想鍛鍊。

二、**保持覺知**:在日常生活中保持覺知和專注,如此可以幫助我們更好地觀察和理解事物的本質和真相。如同虛擬一位保鏢在你身旁,此保鏢能隨時提醒和護衛你的意念或言行舉止,讓你免於落入負面狀態。

三、**合一大我**:培養大我大愛精神,將自己與宇宙萬物融為一體。無論外在環境如何變化,都能保持內心的平和與寧靜。

禪定是修行中的重要環節。在我中年開始深入修佛時,曾經有過一段時日,每天堅持打坐四十至五十分鐘,讓自己學習進入禪定狀態。而真正達成禪定波羅蜜的人,已然不需要天天在家裡打坐,或在道場裡盤腿。因為熟習了「定」的狀態,時刻都會讓自己都處在覺察、覺知的狀態。人有大我大愛,隨時與小我合一。在行、坐、臥等任何時候,都禪定在心。如此的禪定功夫,我願與行者共勉實踐。

(六) 般若智慧

人性的第六種喜愛傾向是:常耽溺於謬誤之見。一如人們經常喜愛以相對真理而非絕對真理,作為生命的參考點。相對真理是以二元對立的比較、批判、評斷等負面特質作為

行事依據。致使煩惱、痛苦的產生。因此,為了對治這喜好就需要智慧。

般若即是「智慧」,般若波羅蜜即是讓內在的大愛、大智慧綻放出來。

修行者修習到一定程度,真正了悟世間真相後,面對一切人、事、物,便不再被萬馬奔騰般的起心動念所纏縛擾動。我們內在的佛性種子,開始穿越迷障,恢復到本來的狀態,並綻放光彩。而我也默禱期許在未來的生生世世,都能連結與持守這亙古的般若智慧。

般若是修行的最高境界,它代表著超越世俗的智慧和洞察力。修行者可以通過以下幾個方面,去開啟般若智慧之門:

一、**學習與探索**:通過廣泛系統研讀經典著作與哲學典籍,結合心理學理論與身心靈智慧,可以深入探索內在世界。這包括:對宇宙之間萬事萬物看法、瞭解身心靈生命各個層面的運行邏輯、瞭解來自自我的意識與念頭、瞭解情緒的緣起與緣滅、瞭解內在之因與外境之果的交纏……這就是「般若波羅蜜」智慧。持續的學習與反思,可以提升自己對於生命的了悟。

二、**修習與實踐**:將所學到的生命智慧,應用於自己的生活中。覺知自己的信念,並讓其發生轉化;連結自己的內在,連結真我的力量與大愛;向宇宙釋放自己的善念,進而覺知外境的變化……通過修習與實踐,來檢驗和鞏固自己的探索成果。

三、**傳播與分享**：以大我大愛為基，將自己所了悟的智慧，分享給周邊更多的人。傳播正見、正念，但不強求別人改變，只讓能量慢慢轉化，讓改變自然發生。

總之，六度波羅蜜可以為我們提供一條通往內心平靜與智慧的道路。祈願走在修行路上的同行者，用心真切的踐行六度修習方法。並將其融入於自己的生命與日常生活中，便一定能逐步擺脫煩惱和束縛、增長慈悲和智慧、最終讓佛性的種子得以綻放。

致謝與感恩

　　盡我一生，經歷生活中的歷練身、修行上的探索心、確實踐行的修習靈。這漫長的歷程，有如一場場正反合的辯證過程。我曾用心於世間的一切，也曾痛心、迷惘於世俗的一切，但至今卻也「感恩於世間的一切」。

　　如今，在我例行的修持裡，當進入與佛、菩薩、聖靈們深沉的相應而湧現深刻的明白、懺悔體悟時，面對我的宇宙親人——佛、菩薩、聖靈們，我常淚流滿面地向他們表達深深的感謝，感恩於與他們這亙古智慧、終極絕對真理的相遇。

　　進而也深深感謝我今世的父母，在現世物質世界不遺餘力地養育我，在精神世界裡又帶來如此深重的啟發。雖然也曾埋怨過我的母親，但最終明白這是一場引導與啟發的設計旅程，或是佛家所謂的逆增上緣。

　　而另外也更不忘要感謝來到我生命中與我相遇的所有有緣人。不管在現世呈現的是何種苦與樂的際遇，我明瞭這一切，都是為了在我了悟真理的過程中，各自扮演著或給予啟發，或給予支持、陪伴的角色。

　　面對這些深重的恩澤，向著佛、菩薩、聖靈們祈願祝禱與賜福一切，曾與我相遇或將與我相遇有緣的有情者，獻上我至深的致謝與感恩。

　　此致！

昌明文叢 A9900013

心理學博士的自述
——行走兩岸，走向合一

作　　者	張家甄
責任編輯	黃筠軒
特約校稿	林秋芬
發 行 人	林慶彰
總 經 理	梁錦興
總 編 輯	張晏瑞
編 輯 所	萬卷樓圖書股份有限公司

臺北市羅斯福路二段 41 號 6 樓之 3
電話 (02)23216565
傳真 (02)23218698

發　　行　萬卷樓圖書股份有限公司
臺北市羅斯福路二段 41 號 6 樓之 3
電話 (02) 23216565
傳真 (02) 23218698
電郵 SERVICE@WANJUAN.COM.TW
香港經銷
香港聯合書刊物流有限公司
電話 (852) 21502100
傳真 (852) 23560735

ISBN 978-626-386-316-3
2025 年 9 月初版
定價：新臺幣 320 元

如何購買本書：
1. 轉帳購書，請透過以下帳戶
   合作金庫銀行　古亭分行
   戶名：萬卷樓圖書股份有限公司
   帳號：0877717092596
2. 網路購書，請透過萬卷樓網站
   網址 WWW.WANJUAN.COM.TW
大量購書，請直接聯繫，將有專人
為您服務。(02)23216565 分機 10

如有缺頁、破損或裝訂錯誤，請寄
回更換

版權所有・翻印必究
Copyright©2025 by WanJuanLou Books
CO., Ltd. All Rights Reserved
Printed in Taiwan

國家圖書館出版品預行編目資料

心理學博士的自述：行走兩岸,走向
合一/張家甄著. -- 初版. -- 臺北市：
萬卷樓圖書股份有限公司, 2025.09
　　面；　　公分. -- (昌明文叢；
A9900013)
ISBN 978-626-386-316-3(平裝)

1.CST: 張家甄　2.CST: 傳記

783.3886　　　　　　　　114012373